现代物流系统规划与企业供应链管理的发展与协同研究

肖玉徽　朱德龙　著

中国建设科技出版社有限责任公司
China Construction Science and Technology Press Co., Ltd.
北　京

图书在版编目（CIP）数据

现代物流系统规划与企业供应链管理的发展与协同研究 / 肖玉徽，朱德龙著. -- 北京 : 中国建设科技出版社有限责任公司，2024. 12.

ISBN 978-7-5160-4313-4

Ⅰ. F252；F274

中国国家版本馆CIP数据核字第2024VL5718号

现代物流系统规划与企业供应链管理的发展与协同研究

XIANDAI WULIU XITONG GUIHUA YU QIYE GONGYINGLIAN GUANLI DE FAZHAN YU XIETONG YANJIU

肖玉徽　朱德龙　著

出版发行：中国建设科技出版社有限责任公司

地　　址：北京市西城区白纸坊东街2号院6号楼

邮　　编：100054

经　　销：全国各地新华书店

印　　刷：三河市悦鑫印务有限公司

开　　本：710mm×1000mm　1/16

印　　张：11

字　　数：210千字

版　　次：2025年1月第1版

印　　次：2025年1月第1次印刷

定　　价：79.00元

本社网址：www. jskjcbs. com，微信公众号：zgjskjcbs

本书如有印装质量问题，由我社事业发展中心负责调换，联系电话：（010）63567692

前言 PREFACE

在全球化经济背景下，物流系统规划与企业供应链管理已成为决定企业成败的关键因素。随着科技的迅猛发展，特别是互联网、大数据、人工智能等技术的广泛应用，传统的物流管理和供应链模式正面临着前所未有的挑战与机遇。企业必须适应这一变化，通过创新的物流系统规划和高效的供应链管理来提升自身的核心竞争力。

随着经济的全球化和信息技术的快速发展，企业间的竞争已不仅仅是产品或服务的竞争，更多是供应链之间的竞争。这就要求企业必须重新审视自身的物流系统规划和供应链管理策略，以适应不断变化的市场环境。本书正是在这样的背景下应运而生的，汇集了众多专家和学者的智慧，对当前物流系统规划与供应链管理的热点问题进行了深入剖析。

本书共分为七章。第一章物流系统规划的基础理论，包括物流系统规划概述、物流系统战略规划的制定与实施。第二章物流系统的仓储与运输规划，聚焦于仓库规划与库存管理、仓储的绩效评价、物流运输网络的规划、物流送货规划与管理。第三章物流配送系统规划，包括配送与配送作业流程概述，配送系统的构成、特点和目标，物流配送系统的规划、物流配送成本的优化和绩效评估。第四章企业供应链管理研究，包括供应链管理概论、集成化供应链管理、现代企业供应链设计的重要性与挑战、供应链管理中存在的问题及对策研究。第五章供应链物流信息与采购管理研究，包括供应链物流信息管理概述和供应链视角下的采购管理体系探讨。第六章供应链管理绩效评价与激励机制的深入探讨，聚焦于供应链绩效评价的独特性、供应链绩效评价方法的探讨、构建供应链绩效评价指标体系和供应链管理中的激励机制。第七章供应链协同管理及其发展研究，介绍了供应链协同管理的定义及内涵、强化合作伙伴关系的重要性、提升整体竞争力的途径，以及实施供应链协同管理的策略建议。

本书不仅系统地介绍了物流系统规划与供应链管理的理论知识，还通过案例分析展示了这些理论在实践中的应用。

在此，我们衷心感谢所有参与本书编写工作的专家、学者和业界人士，是你们的智慧与经验使本书得以顺利完成。同时，也要感谢所有读者，是你们的支持和反馈让我们的工作更有意义。我们期待本书助力每一位从业者和学习者在这一领域取得更大的成就。

作　者

2024 年 7 月

目录 CONTENTS

第一章　物流系统规划的基础理论

现代物流系统是一个动态且复杂的组合，其各个构成要素之间存在着强烈的效益背反现象。这意味着随着消费需求、市场供给、购销渠道和商品价格等社会经济因素的变化，物流系统内的各构成要素及其运行方式也会经常发生变化。为了实现社会经济的可持续发展，我们必须以系统的观点和方法来不断修改和完善物流系统的组成部分。这包括重新规划设计物流系统，使其能够按照人们设定的目标有序运行，并达到系统整体的最优化。因此，对物流系统的构成要素进行深入分析和诊断，以及对物流系统进行整体规划和优化设计，是推动物流系统化、构建高效物流系统、实现物流合理化和效率化的有效途径。

在物流系统规划中，需要考虑多个方面。首先，需要明确物流系统的目标和需求，包括满足客户需求、提高运输效率、降低物流成本等。其次，需要对现有的物流系统进行全面评估，了解其存在的问题和瓶颈。再次，根据评估结果制定相应的改进措施，如优化运输路线、引入先进的物流技术、加强供应链协同等。最后，实施改进方案并持续监测和评估效果，以确保物流系统的持续优化和提升。

第一节　物流系统规划概述

从系统科学的视角审视物流，我们立足于一个核心理念：系统是构成现实世界的基本架构，因此，所有现象均可通过系统理论进行剖析和表达。将这一视角应用于物流领域，我们的目标远不止于解析物流体系的构建、现状、运作及效用；更在于深入探究其内在的调控机制与信息循环反馈路径，理解物流系统如何在内因驱动与外力影响的双重作用下经历动态演变。这一研究旨在掌握物流系统的状态变迁及其发展趋势，从而实现对物流系统运行状况和未来走向的有效把控。

系统科学提供了一套全面的方法论，它帮助我们识别物流系统中的关键要素、连接方式以及相互作用模式。通过对这些复杂关系的精细描绘，我们可以揭示物流系统的内在逻辑，包括资源分配、流程优化、风险管理和技术创新等方面。此外，系统科学还强调物流系统与外界环境的互动，如市场变化、政策调整、技术进步等因素，它们共同塑造着物流系统的演进轨迹。

一、物流系统

（一）物流系统的含义

物流系统，这一按照既定计划为实现特定物流目标而精心设计的综合体系，其深远的意义在于能够有效地将货物按照既定的时间和数量，以最优的成本准确无误地运送到目的地。这一过程不仅实现了物品物理位置的转移，更重要的是完成了物品使用价值的交付，从而最终实现其社会价值。简而言之，物流系统是现代社会经济运行的重要支撑，它像血管一样，将各种资源输送到社会的每一个角落。

（二）物流系统的特征

为了更加深入地理解和规划物流系统，下面我们将详细探讨它的四大核心特性。

1．高度整合的整体性

为了实现上述目的，物流系统中的各个功能元素或子系统必须紧紧围绕核心目标进行协同工作，形成一个高效、和谐的整体。在这个整体中，任何单一环节的优化并不等同于整体性能的提升。例如，高效的运输固然重要，但若超出了实际需求，那么即便是满载且高效的运输也失去了意义。因此，物流系统的优化需要从全局出发，寻求各元素之间的最佳平衡。

2．清晰且单一的目的性

物流系统的存在，始终围绕着一个核心目的：确保市场所需的商品能够在必要的时刻，以必要的数量，准确地送达到消费者手中。这一目的是物流系统设计的根本出发点，也是评估其效能的重要标准。无论是新系统的设计，还是对现有物流结构的优化，都必须明确并坚守这一核心目的。

3．信息化的核心地位

在物流系统中，信息的功能至关重要。它不仅是物流系统各个环节顺畅衔接的保障，更是系统持续改进和优化的基础。信息是物流系统的核心要素，只有充分把握和运用信息，才能对物流系统运行中出现的偏差进行及时纠正，才能不断完善和优化系统的性能。因此，信息化水平的高低直接影响着物流系统的效率和准确性。

4．服从企业经营战略

企业物流系统作为企业整体经营系统的一部分，必须服从并服务于企业的总体经营目标和战略。物流系统的设定，包括物流服务水平的确定，都需要以企业的整体发展为依据。其最终目标是促进企业的生产和销售活动，进而提升企业的盈利能力。

（三）物流系统运行的基本原理

物流系统，作为一个高度集成的体系，通过其运行过程中的几个关键环节，实现从输入到输出的高效转化。这些环节包括输入、处理（转化）、输出、限制（制约）以及反馈，它们共同构成物流系统运行的基本原理，如图1–1所示。

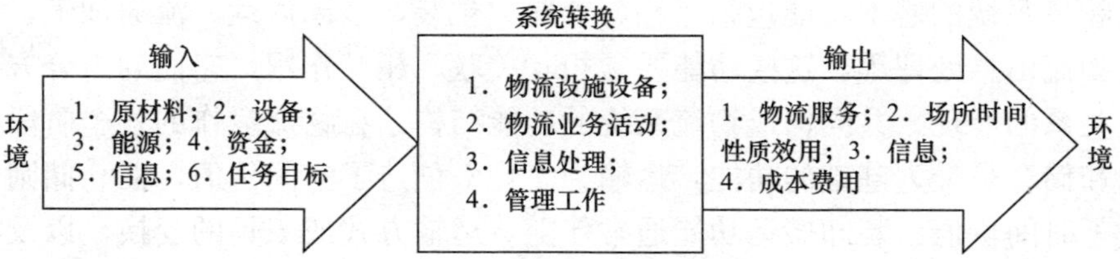

图1–1　物流系统运行原理

1．输入环节

这是物流系统的起始点，主要涉及资源、能源、设备、劳力等外部环境的投入。原材料、设备、劳动力和能源等要素，作为物流系统的基础，确保了系统能够正常启动和运行。

2．处理（转化）环节

这是物流系统的核心过程，涵盖了从输入到输出之间的所有物流业务活动。这些活动包括但不限于物流设施的建设、运输、储存、包装、装卸和搬运等。此外，信息处理及管理工作也是这一环节的重要组成部分，它们共同确保了物流系统的高效运转。

3．输出环节

经过处理（转化）环节后，物流系统向外部环境提供服务或产品，这就是输出环节。这些输出可能包括产品的位置转移、各种劳务的提供以及信息的传递等。输出的质量和效率直接反映了物流系统的性能。

4．限制（制约）环节

在物流系统运行过程中，外部环境会对其施加各种约束和干扰，如资源条件、能源限制、资金和生产能力的限制等。这些限制因素需要物流系统进行适应和调整，以确保其稳定运行。

5．反馈环节

物流系统在运行过程中，需要不断将输出结果与输入进行对比和调整，这一过程就是反馈环节。通过收集和分析各种物流活动报告、统计数据和市场信息，物流系统能够及时调整其运行策略，以更好地满足外部环境的需求。同时，反馈环节也为物流系统的持续改进和优化提供了重要依据。

（四）物流系统的结构

物流系统的结构，简而言之，就是由各种物流要素以及这些要素之间的相互关联和作用方式所构成的框架。这一结构为系统整体功能的实现提供了内在支撑。物流系统由众多要素构成，这些要素能组合成多种结构类型，诸如功能结构、流动结构、供应链结构、产业结构以及网络结构等。

1．物流系统的功能结构

物流系统的基本功能包括运输、仓储、包装、装卸搬运、流通加工、配送以及物流信息处理等。这些功能要素相互关联、相互作用，它们的组合方式及时空关系的展现，共同构成物流系统的功能结构。在物流运作的各个阶段中，运输和储存是最为基础的功能。运输为“物”创造了空间价值，而仓储则为其创造了时间价值。装卸搬运功能通常伴随着运输方式或工具的变换，以及物流作业功能之间的转换而产生。包装和流通加工功能则是在流通过程中发生的，但并非每个物流系统都必须进行这些作业。现代物流业通常具备复合功能，即由两个或更多基本功能组成。

2．物流系统的流动结构

物流系统宛若一条流畅的河流，其流动结构由五个核心要素构成：流体、载体、流向、流量和流程。这些要素之间存在着紧密的相互关系。流体的自然特性决定了所需载体的类型和规模，而其社会属性则影响着流向、流量和流程的选择。同时，流体、流量、流向和流程又共同决定了所需载体的特性。载体不仅对流向、流量和流程具有制约作用，其状况还会对流体的双重属性产生影响。因此，在设计物流系统时，我们需根据流体的自然和社会属性、流向、流程的远近及具体路线，以及流量的大小和结构，来确定最合适的载体类型和数量。在网络型物流系统中，当特定的流体从一个地点转移到另一个地点时，可能会涉及载体的变换、流向的改变、流量的分解与合并，以及流程的调整。若这些调整是必要的，我们应致力于减少变换时间、简化环节和降低变换成本。

3．物流系统的供应链结构

供应链通常由原材料供应、生产、流通和消费四个核心环节组成，每个环节都离不开物流活动的支持。因此，整个供应链的物流系统包括原材料供应物流系统、生产物流系统、流通物流系统和消费物流系统。在原材料供应阶段，从原材料产地到需求地的过程中，需要进行原材料的运输、储存、装卸搬运、加工、包装以及原材料物流信息处理等作业。企业采购原材料后，将其储存在仓库中。在生产线上，原材料被加工成半成品，进而转化为成品。半成品和成品都需储存在企业仓库中，只有在采用“即时制”生产的企业中，产成品才会在生产完成后立即装车发运，而无须入库储存，这便是生产物流系统的运作方式。在流通环节，零售店从制造商处采购商品后，由供应商从物流中心或配送中心发货至零售店的配送中心。在此处，配送中心会进行一些流通加工。销售时，商品再从配送中心提货并陈列在柜台上，这构成了流通物流系统。在消费环节，消费者购买商品后可能会有退货或换货的情况。零售店在接收消费者的退货后会进行暂存，随后再退给供应商或进行处理，这便是消费过程中的物流系统或废弃、回收物流系统。

4．物流系统的产业结构

物流系统的产业结构可从两个维度进行划分。首先，根据物流业务环节的不同，可分为运输业、仓储业、包装业、装卸业、流通加工业、邮政业以及物流信息业等。其次，按照物流业务组织化程度的不同，可划分为第一方物流、第二方物流、第三方物流和第四方物流等。这种多维度的产业结构划分有助于我们更全面地理解物流系统的复杂性和多样性，并为物流产业的持续发展和优化提供有益的指导。

5．物流系统的网络结构

任何物流系统都可被抽象为不同类型的网络，这些网络由两个基本要素构成：点和线。在物流系统中，供流动的商品储存、停留以及进行后续作业的场所被称为点，例如工厂、商店、仓库、配送中心、车站和码头等。这些点是物流基础设施相对集中的地方。而连接物流网络中这些点的边则被称为线。点与线的结合便构成了物流系统的网络结构，它具体描述了货物从供应地到需求地的流动结构。在将货物从供应地运送到需求地的过程中，可采用两种基本的物流网络形式：一种是直送形式，另一种是通过物流节点的形式。其他所有形式都是这两种基本形式的组合。

二、物流系统规划设计

（一）物流系统规划的重要性

物流系统规划，这一概念的实质是确立物流系统的发展目标，并制定实现这些目标的策略和行动路线。物流系统是一个高度综合且领域广泛的体系，它不仅涵盖交通运输、货运代理、仓储管理等基础功能，还包括流通加工、配送、信息服务以及营销策划等多个方面。此外，物流系统还是一个开放且复杂的系统，其发展受到众多内外部因素的影响，且这些因素多变且具有较大的不确定性。特别是物流系统所依赖的外部环境，其变化往往难以预测。因此，无论是对现有物流系统进行改进，还是开发全新的物流系统，进行周密的物流系统规划都显得至关重要。

（二）物流系统规划设计的原则

在进行物流系统规划设计时，我们需要遵循以下四个关键原则，以确保系统的有效性和效率。

1．开放性原则

物流系统的资源配置不应局限于某一特定范围，而应在全社会范围内进行寻求和优化。这一原则确保了资源的广泛性和多样性，使得物流系统能够更加灵活和高效地应对各种挑战。

2．网络化原则

网络化原则是指在一定的市场区域内，按照网络方式对物流的经营管理、业务、资源和信息等要素进行规划、设计和实施。这样做可以实现物流系统的快速反应，并优化总成本。通过网络化布局，物流系统能够更高效地响应市场需求，提供优质的服务。

3．物流要素集成化原则

该原则强调通过制度性的安排，对物流系统的功能、资源、信息和网络等核心要素进行统一的规划、管理和评价。通过这种方式，各要素之间能够实现高效的协调和配合，从而像一个整体一样运作。这不仅加强了要素间的联系，还有助于实现物流系统的整体优化。

4．可调节性原则

物流系统需要具备足够的灵活性，以便及时应对市场需求和经济发展的变化。可调节性原则确保了物流系统能够根据实际情况进行调整和优化，从而保持其竞争力和效率。

（三）物流系统规划设计的影响因素

在进行物流系统的规划与设计时，我们必须全面考虑各种影响因素，以确保最终的设计方案既合理又高效。以下是七个主要的影响因素。

1．物流服务需求

这是物流系统规划与设计的基石。服务需求涵盖了服务水平、地点、时间以及产品特性等多个维度。由于市场环境和竞争对手的不断变化，为了满足这些动态的服务需求，物流系统必须持续地进行优化和改进。

2．经济发展状况

经济发展水平、居民消费水平和产业结构对物流服务需求产生直接影响。随着经济的增长和消费模式的变化，物流服务的需求也会发生相应的调整。因此，物流系统的规划与设计需要具备一定的前瞻性，以适应未来可能发生的变化。

3．行业竞争力

在规划与设计过程中，追求最大的竞争优势是至关重要的。这需要我们仔细权衡服务成本与市场需求之间的关系，通过降低成本和提升服务质量来增强竞争力。同时，对竞争对手的深入分析也是必不可少的，以便我们能够在市场中准确定位自己，并培养出独特的核心竞争力。

4．地区市场差异

物流节点的设计直接受到客户特征的影响，如地区的人口密度、交通条件和经济发展水平等。这些因素在决策过程中起着至关重要的作用，决定了物流节点的布局和运营策略。

5．物流技术发展

信息技术和网络技术的革新对物流行业产生了深远的影响。这些技术不仅改进了物流系统的实时管理和控制，还为提升物流效率奠定了坚实的基础。通过及时、准确的信息交换，我们能够随时掌握物流的动态情况，从而作出更为明智的决策。

6．流通渠道结构

流通渠道是由商业关系构成的网络，而物流活动正是基于这些商业关系而展开的。因此，在设计物流系统时，我们必须充分考虑流通渠道的结构，以确保物流活动能够有效地支持商业运作。

7．法规、财政与行业标准

物流系统的运营必须符合国家的相关法规、税收政策和行业标准。这些因素在一定程度上塑造了物流系统的运营环境和规则，因此，在规划与设计过程中必须予以充分考虑。

（四）物流系统规划设计的内容与层次

物流系统规划与设计是一个多层次、多维度的复杂过程，它涉及不同经济区域和不同操作层面的细致规划。根据经济区域和规划层面的不同，我们可以对物流系统规划与设计进行详细的分类和探讨。

1．按经济区域划分的物流系统规划

（1）宏观物流系统规划。这一层次的规划主要聚焦于构建物流基础平台，涵盖铁路、公路、航空、水路等交通线路的规划。它不仅涉及线路的合理布局，还包括综合物流节点、物流中心的设置，以及相应信息网络的构建。这种宏观规划为整个物流系统提供了基础设施和支持。

（2）区域和城市物流系统规划。在区域和城市层面，物流系统规划的重点是确定物流基地、物流中心、配送中心等关键节点的规模和布局。这些节点是物流运作的核心，对于确保区域和城市物流系统的高效运行至关重要。

（3）产业物流系统规划。产业物流规划是针对特定行业或经济部门的物流需求进行的规划。例如，商贸业、医药业、汽车业等，每个行业都有其独特的物流需求和挑战。这类规划着重于优化供应链流程，包括采购、生产、分销和配送等环节，以提高整个产业的物流效率。

（4）企业物流及物流企业系统规划。这是微观层面的物流规划，主要关注企业内部或物流企业的物流系统优化。它基于上述更宏观的物流规划，但更加注重实际操作和运营效率。企业物流规划需要考虑生产、销售、服务等多个方面，而物流企业规划则专注于提供第三方物流服务的企业。

2. 按物流系统规划与设计的层面划分

按照物流系统规划与设计的层面，物流系统规划与设计可以分为物流系统战略层、物流系统营运层和物流系统操作层的规划与设计，见表 1-1。

表 1-1　物流系统规划与设计的三个层面

物流职能	系统层次		
	战略层面	营运层面	操作层面
选址	设施的数量、规模和位置	库存水平定位	路线选择、发货、派车
运输	选择运输方式	运输服务内容	确定补货数量和时间表
订单处理	选择和设定订单录入系统	确定处理客户订单先后顺序	发出或接受订单
客户服务	设定标准	贯彻执行	具体操作执行
仓储	物流网络布局及仓储地址选址	仓库设置布局，存储空间选择	订单履行、收发货物、货物维护与保养
采购	制定采购政策	选择、管理供应商	洽谈合同、发出订单

（1）物流系统战略层面规划与设计。战略层面的规划是对物流系统长期发展的全面谋划。它不仅涉及物流基础设施的建设，还包括对未来市场需求、技术发展、环境保护等多方面的考量。战略规划的目的是确保物流系统的可持续发展和竞争优势。

（2）物流系统营运层面规划与设计。营运层面的规划聚焦于物流系统的日常运作。这包括物流运作方案的策划、物流营运系统的设计，以及战略规划的具体实施。通过优化物流流程、提高资源利用效率，营运规划旨在提升物流系统的整体性能和效益。

（3）物流系统操作层面规划与设计。操作层面的规划关注的是物流系统中最基层、最具体的操作环节。这包括仓储管理、包装、装卸、搬运和运输等具体任务。操作规划的目标是确保这些基础操作的高效、安全和准确执行，从而保障整个物流系统的顺畅运行。

在进行物流系统规划与设计时，需要综合考虑不同层面和区域的需求与挑战，确保各个部分之间的协调与配合。通过科学、系统的规划与设计，我们可以构建一个高效、可持续的物流系统，以支持经济的持续发展和促进社会的繁荣进步。同时，随着技术的不断进步和市场环境的不断变化，物流系统规划与设计也需要不断更新和优化，以适应新的挑战和需求。因此，我们应该保持开放和灵活的思维，不断探索和创新，以推动物流行业的持续发展和进步。

三、物流系统规划的基本原理

物流系统是一个规模宏大、涉及广泛领域的复杂体系，其地域、时间和行业跨度都相当大。同时，这个系统还必须是动态的，能够适应社会需求和环境变化。鉴于物流系统的这些特性，如庞大的规模、复杂的结构和多元化的目标，对其进行规划就显得尤为重要且富有挑战性。通过参考国内外的研究成果和借鉴成熟的系统规划经验，我们可以总结出物流系统规划应遵循的四大基本原理：物流系统分析原理、物流供需平衡原理、供应链一体化原则以及物流成本效益评价原理。这些原理为物流系统规划提供了科学的指导和依据，有助于我们更好地构建和优化物流系统，以满足社会的需求并适应不断变化的环境。

（一）物流系统分析原理

应用系统分析的方法深入研究物流系统，这是系统规划的核心思维方式。通过物流系统分析，我们能够洞察系统各组成部分之间的内在联系，并把握物流系统行为的内在规律性。无论是从系统的内部还是外部视角，无论是设计新系统还是改进现有系统，系统分析都显得尤为重要。

1．系统分析与物流系统分析

系统分析与物流系统分析是相辅相成的。以系统的观点来研究物流活动，这是现代物流学的核心理念。在明确系统目标和准则的基础上，我们深入分析构成系统的各个子系统的功能及其相互关系，以及系统与环境之间的相互影响。借助科学的分析工具和方法，我们对系统的目标、功能、环境、费用和效益进行全面的调查、比较、分析和研究。同时，我们建立多个替代方案和必要的模型，进行系统试验，将试验、分析和计算的结果与初步制订的计划进行比对和评价。最终，我们的目标是找到能使系统整体效益最优化和有限资源配置最佳化的方案，为决策者提供科学的决策依据和信息。

2．物流系统分析的原则与内容

物流系统分析，是指在特定的时空背景下，将物流服务及其过程视为一个整体来进行研究，运用系统的观点和系统工程的理论、方法进行分析，以实现空间和时间上的经济效益。在进行物流系统分析时，我们需要遵循一定的原则并明确分析其内容。

作为决策的一种手段，物流系统分析的主要目的是通过分析比较各种物流活动方案的技术经济指标，为决策者提供判断和选择最优方案的信息和资料，从而获得最佳的物流系统方案。物流系统分析以物流系统整体效益最优为目标，以寻找解决特定问题的最佳策略为重点，运用定性和定量分析方法，为决策者提供价值判断，以作出有利的决策。实践已经证明，对于技术复杂、投资大、回收周期长且存在不确定性和矛盾因素的物流系统来说，系统分析是不可或缺的一环。只有做好系统分析工作，才能获得优质的系统设计方案，避免技术上的大量返工和经济上的重大损失。

在进行物流系统分析时，我们应强调科学的推理步骤，确保对物流系统中各个问题的分析都符合逻辑原则和事物发展规律，而非仅凭主观臆断或单纯经验。同时，我们应运用数学方法和优化理论，使各种替代方案的比较既有定性描述，又能实现定量化。对于非计量的相关因素，我们则需运用直觉、判断和经验进行考量和衡量。在物流系统分析中，我们必须妥善处理外部条件与内部条件、当前利益与长远利益、子系统与整个系统、定量分析与定性分析等之间的关系。这些是进行物流系统分析时应遵循的原则。

物流系统分析的内容主要包括对现有系统的分析和对新开发系统的分析两方面。

（1）对现有系统的分析旨在更深入地了解系统，以使其尽可能实现最优运行。为了使现有系统更好地适应发展的需要，在进行系统分析时，我们既要关注系统的外部分析，也要注重系统内部的分析。外部分析主要涉及研究本系统在国内外经济科技格局中的地位、当前国家政策以及与系统经营活动相关的各方面状况，如生产力与资源分布、物流市场和货源情况、制造业的生产与技术水平等。内部分析则主要关注计划安排、生产组织、设备利用、原材料供应、物流需求、劳动力状况、成本核算及财务收支等方面。

（2）对于新系统的分析，其内容可能涉及新系统的投资方向、工程规模、物流供应链各环节的布局、物流节点的选址、物流系统的功能、设备设施的配置、物流系统的管理模式等。这些分析旨在确保新系统能够满足实际需求，并实现高效、稳定运行。

3．物流系统分析的要点和步骤

（1）在进行物流系统分析时，我们需要关注几个要点，并按照一定的步骤进行。首先，物流系统分析非常注重逻辑推理，分析人员需要不断提出问题，直到获得满意的答案。系统分析首先要明确是什么，然后探究为什么，并进一步分析是否存在替代方案。只有对这些问题有完整、清晰的回答，我们才能对系统的开发目的、开发地点、开发时间、开发人员和开发方法有一个全面的了解。

（2）物流系统分析的步骤，通常包括以下几个环节：首先，明确问题的构成范围；其次，确定分析的目标；接着，收集相关资料；然后，制定可行的方案并建立模型；随后，对方案指标进行分析；最后，进行综合评价。这些步骤有助于我们系统地、有条理地进行物流系统分析，为决策者提供有价值的信息和建议。它是一个连续的循环，如图 1–2 所示。

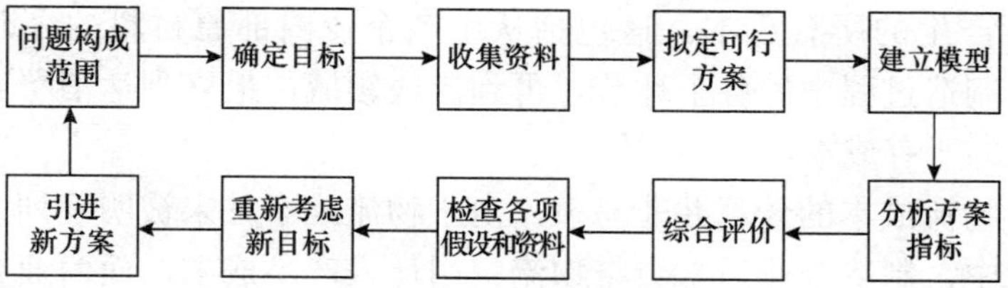

图 1-2　物流系统分析步骤

（二）物流供需平衡原理

物流规划的核心目标是解决物流供应与物流需求之间的匹配问题。确保物流供需平衡，是物流系统规划中的一个根本指导思想。借助供需平衡原理来进行物流系统的规划与设计，我们可以实现以最少的资源投入，最大限度地满足物流发展的需求。

1．物流供应

物流供应可以被视作城市商业活动的支持体系或后勤保障。它涵盖了交通运输路径的供应和物流节点，如物流园区的供应。在这里，交通运输路径的供应主要是指运输网络中的线路、车站、码头等基础设施的容量和服务水平。而物流节点的供应则涉及物流操作中的包装、装卸、存储及流通加工等设施的容量和服务质量。

2．物流需求

物流需求是由社会经济活动，特别是制造业和经营活动所衍生出来的一种次生需求。它涵盖了物品的移动及其相关服务，包括信息需求。物品的流动源于社会生产和社会消费的需求，并受到多种因素的影响，如生产力、生产资源的分布、生产制造流程、消费的分布以及运输和仓储的布局等。

物流与社会生产、经济生活紧密相连。多种因素，如社会劳动生产率的提升、经济的发展、收入和消费的增长，以及新政策的实施，都会导致物流需求的变化。同时，人们的生活方式、消费习惯、物流基础设施的限制，以及供应链中各企业间的相互关系，都会使物流需求在总体趋势的基础上相对于物流供应产生波动。

从宏观角度看，不同阶段的经济建设和发展对物资需求的数量、种类和规模都会有所不同。从微观角度看，物流需求的数量和种类常常随季节而变化。此外，随着现代科技更新周期的缩短和人们消费观念的变化，物流需求对时间变化的敏感性也在增加。生产力布局、社会经济水平、资源分布和土地使用规模都使得物流需求呈现出地域和分布形态的差异。

（三）物流成本效益分析原理

当我们谈及物流成本时，可以从广义和狭义两个角度来理解。狭义上的物流成本，主要是指因物品实体的位置移动而产生的运输、包装、装卸等成本。而从广义角度来看，物流成本则涵盖了生产、流通、消费全过程，物品实体与价值转换所产生的所有成本。这包括从生产企业内部原材料的采购、供应开始，到生产制造过程中的各个环节，再到流通领域，最终到达消费者手中的全过程所产生的所有成本。

然而，物流成本的计算并非易事。由于物流成本并未被明确列入企业的财务会计制度中，制造企业通常会将物流费用计入产品成本，而商业企业则可能将物流费用与商品流通费用混为一谈。因此，无论是制造企业还是商业企业，都难以根据物流成本的内涵来完整、准确地计算出物流成本。

物流领域长期被视为经济中的“未知领域”，同时也被认为是企业的第三大利润来源。然而，由于我们对物流费用的了解和认识较少，这使得物流成本管理具有很大的不确定性。物流成本之间存在着一种权衡关系：当我们在某个物流功能上削减成本时，可能会导致其他功能的成本增加。这是因为各种费用之间相互关联，我们必须从整体的角度来考虑如何达到最佳的成本效益。

物流成本管理的核心任务是对所有这些成本进行计划、分析、核算、控制和优化，以实现降低物流成本的目标。物流成本管理的最终目的是将那些混杂在其他费用中的物流成本清晰地剥离出来，使我们能够明确地看到潜在的物流成本，并寻求降低成本的途径。

物流作为生产在流通领域的延伸，确实能够创造价值，而这种价值主要通过节约成本和费用来实现。但需要明确的是，物流成本越高，并不意味着物流所创造的价值就越大。因为物流本身并不能创造新的使用价值，物流成本只是社会财富的一种减项。再加上长期以来物流活动并未受到足够的重视，导致大部分物流成本处于隐蔽状态，这造成了物流领域的严重浪费现象，直接影响了整体的经济效益。

因此，我们必须加强对物流成本的管理，特别是将现代成本管理模式融入物流成本管理中，以形成全新的物流成本管理模式。通过持续不断地降低物流成本，我们可以有效提高企业的经济效益。这是一个持续优化的过程，需要我们不断地探索和实践，以实现物流成本与效益之间的最佳平衡。

第二节 物流系统战略规划的制定与实施

一、物流系统战略规划的形成与制定

（一）战略规划的形成路径

在这种方法中，物流系统的高层管理者首先确定整体战略方向。随后，下

属部门根据这一总体方向和自身的实际状况，将战略具体化，进而形成详细的战略执行计划。此方法的显著优势在于，高层管理者能够确保整个物流系统的运营方向与目标保持一致，并能对各部门的行动进行有效监控。然而，这也要求高层管理者在制定战略时必须具备高度的前瞻性和完善性，同时为下属部门提供明确的指导。但这种方式可能在一定程度上限制了中下层管理人员的创新和自主性。

1．自顶向下的战略规划

这种方法是先由总部的高层管理人员制定物流系统的总体战略，然后由下属各部门根据自身的实际情况将物流系统的总体战略具体化，形成系统的战略方案。这种方法最显著的优点是，物流系统的高层管理人员能够牢牢把握整个系统的经营方向，并能对下属各部门的各项行动实施有效的控制。这种方法的限制性在于，要求物流系统的高层管理人员制定战略时必须深思熟虑，战略方案务必完善，并且还要给下属各部门提供详尽的指导。同时，这种方法也约束了各部门的手脚，难以发挥中下层管理人员的积极性和创造性。

2．自底向上的战略规划

这是一种更为民主和集中的方法。在制定战略时，高层管理者并不对下属部门设定严格的规定，而是鼓励各部门主动提出战略建议。在收集各部门的提案后，高层管理者会进行协调与平衡，对提案进行适当调整后予以确认。这种方式能够充分激发各部门和管理人员的创新精神和积极性，同时，因为战略方案来源于广泛的群体，所以，在实施过程中更容易得到员工的支持与执行。但挑战在于如何有效地整合各部门的提案，以确保整体战略的系统性和连贯性。

3．上下结合的战略规划

在此方法中，物流系统的高层管理者与下属部门的管理人员共同参与战略制定的过程。通过充分的沟通和协商，双方共同制定出既符合整体方向又具有操作性的战略。这种方式的优势在于其高度的协调性，能够确保制定出的战略既具有全局观又兼顾实际操作性。

4．战略小组的方法

在这种方式下，物流系统的核心领导与其他高层管理者组成一个专门的战略制定小组，专注于解决关键性问题。该小组通常由总经理领导，成员则根据具体任务灵活组成，通常包括与问题紧密相关的专业人员。这种方法具有明确的目标和高效率，特别适合用于制定如产品开发、市场营销等特定领域的战略。

（二）战略规划的制定方式

在明确了战略规划的形成路径后，我们进一步探讨具体的制定方法。这些方法决定了战略规划过程中的参与者、决策方式以及战略内容的来源。

1. 合作方式

合作式制定方法代表了战略制定的中间道路。在这种方法中，管理者在与同事和下属的共同支持和协助下制定一致的战略。最终的战略是参与者共同努力的结果，而这一合作过程由负责的管理者领导。合作式制定方法最适合于以下情况：战略问题涉及多个传统的职能领域和部门组织；必须从具有不同背景、技能和观点的人员中充分发掘战略观点和解决问题的技巧；在制定战略时尽可能让更多的人员参与并获得执行的权力。让团队来分析复杂的形势以及寻找市场驱动和客户驱动解决方案的必要性在许多公司中变得越来越明显。战略问题往往跨越多个职能领域和部门组织，因此必须要求跨领域的专家共同作出贡献，并要求组织中不同部门的管理者进行充分的合作，最终再作出谨慎而周全的战略行动。

2. 支持方式

采用支持式制定方法时，管理者并不直接参与战略制定的细节工作。相反，他们鼓励组织内的个体和团队自主制定、支持并推广实施组织战略。在这种模式下，许多关键的战略构想都源于那些直接参与“做”的人员和能够快速响应市场变化的人员。执行层的管理人员则扮演评审者的角色，对需要他们批准的战略建议进行审核。这种方法在大型多元化公司中尤为有效，因为在这类物流系统中，首席执行官很难亲自协调各个业务部门制定的战略部分。为了利用组织中那些能够洞察出他们无法发现的战略机会的人员，高层管理者必须将部分战略制定的主动性下放给业务层的管理者。总部的管理者可以清晰地阐述一般的战略主题，并将其作为战略思维的指导原则。然而，卓越的战略制定工作的核心在于激励和奖励那些热情的支持者让其作出全新战略行动。他们更加深入了解某个机会，并认为应全力追求。在这种方式下，总体战略最终成为组织中各种受支持的战略行动的集合，并得到组织上层执行管理人员的批准。

二、物流系统的战略的制定模式

在探讨物流系统战略的制定模式时，我们认识到每个企业都需根据自身独特情况和市场环境来制定策略，而非简单地套用既定模板。以下是对两种主要战略规划模式的深入阐述，旨在为企业制定物流战略时提供实用指导。

（一）以差异分析为中心的战略规划模式

在竞争日益激烈的市场环境中，差异化战略成为企业脱颖而出的关键。这一战略规划模式聚焦于如何通过独特的产品、服务、经营理念、管理方法或技术，在行业内树立鲜明的品牌形象，进而赢得竞争优势和经济回报。

1．战略制定与实施

基于SWOT分析的结果，明确物流系统的核心战略方向，编制详细的实施计划和监控机制。战略应旨在最大化企业优势，弥补或规避劣势，同时把握市场机会，抵御潜在威胁。实施过程需注重灵活性和适应性，以应对市场变化。

2．明确目标定位

战略规划的首要任务是确立清晰的目标，这些目标往往植根于股东的期望与管理层的价值观之中。目标的设定需充分考虑企业当前的市场地位、预期增长潜力以及期望达成的差异化程度。

3．SWOT分析

随后，通过SWOT（优势、劣势、机会、威胁）分析，全面审视企业内部条件和外部环境。此环节尤为重要的是识别并评估规划过程中可能遇到的特定问题，如技术瓶颈、市场接受度等，以确保战略制定的针对性和有效性。

4．绩效评估与反馈

最终，通过绩效评估来检验战略实施的效果，评估是否达到了既定的经营目标和股东期望。这一过程不仅是对战略成功与否的总结，更是为未来的战略调整和优化提供宝贵反馈。

以差异化为中心的战略规划模式，如图1-3所示。

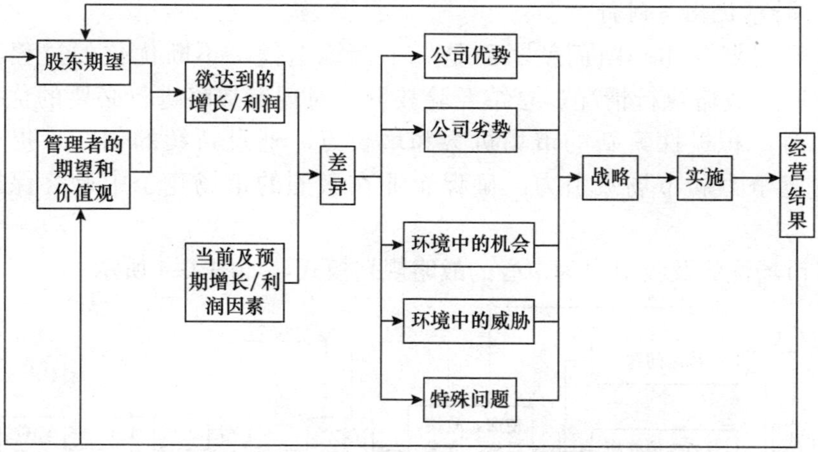

图1-3 以差异化为中心的战略规划模式

（二）以市场优势及吸引力为中心的战略规划模式

在物流系统战略规划的版图中，另一种核心模式聚焦于市场优势与吸引力的深度挖掘，旨在通过精准的市场洞察来塑造前瞻且竞争力卓越的战略蓝图。这一模式不仅分析现状，更预见未来，确保物流系统能够灵活应对市场变迁，持续增强企业的市场地位。

1．市场环境分析

战略规划的首要任务是深入剖析物流系统所处的市场环境，这包括但不限于行业发展趋势的敏锐捕捉、竞争格局的细致描绘以及客户需求变化的动态跟踪。通过这一全面而深入的分析，企业能够构建出一个清晰的市场画像，为后续的战略制定奠定坚实基础。

2．细化实施计划与预算

战略方向既定，企业需进一步细化实施计划，确保每一步骤都具备高度的可操作性和可衡量性。同时，合理的预算安排也是战略成功实施的重要保障，需根据实施计划的具体需求进行精准配置，确保资源的有效利用。

3．确立使命与目标

在股东期望与高层管理愿景的指引下，企业需明确物流系统的使命宣言、政策导向以及具体而量化的目标体系。这些目标应紧密围绕提升市场优势、深化客户吸引力等核心战略要点展开，确保物流系统的发展路径与企业整体战略高度契合。

4．战略执行与调整

在战略执行阶段，企业应保持高度的市场敏感性和应变能力，密切关注市场反馈和内部运营状况，以便在必要时对战略方向和实施策略进行灵活调整。此外，建立有效的监控机制，确保战略目标的稳步推进和最终实现。

5．持续优化与创新

战略规划并非一蹴而就，而是一个持续迭代、不断优化的过程。企业应定期回顾战略执行情况，总结经验教训，对现有战略进行必要的优化和完善。同时，积极探索新的市场机会和增长点，通过持续的创新来提升物流系统的竞争力和市场吸引力，确保企业在激烈的市场竞争中始终保持领先地位。

以市场优势及吸引力为中心的战略规划模式，如图 1–4 所示。

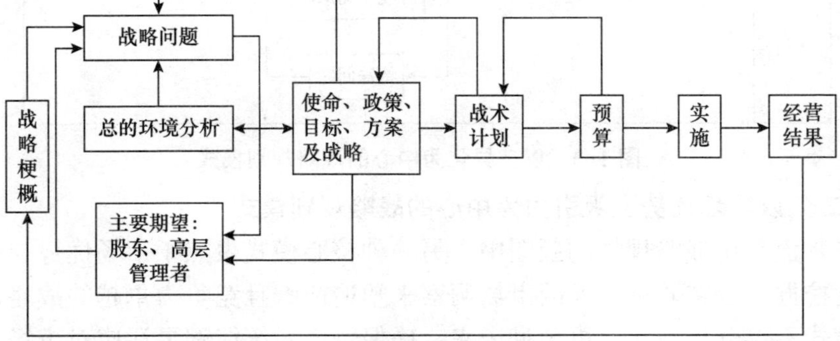

图 1–4　以市场优势及吸引力为中心的战略规划

三、物流系统战略规划的实施

（一）物流系统战略规划的实施要素

在物流系统战略规划的蓝图绘制完成后，其成功落地并转化为实际运营效能，离不开一系列精心策划的实施要素与策略。以下是对物流系统战略规划实施过程中核心要素的深入剖析与重构，旨在为企业构建高效、协同的物流体系提供有力支持。企业物流系统战略规划实施要素，如图 1-5 所示。

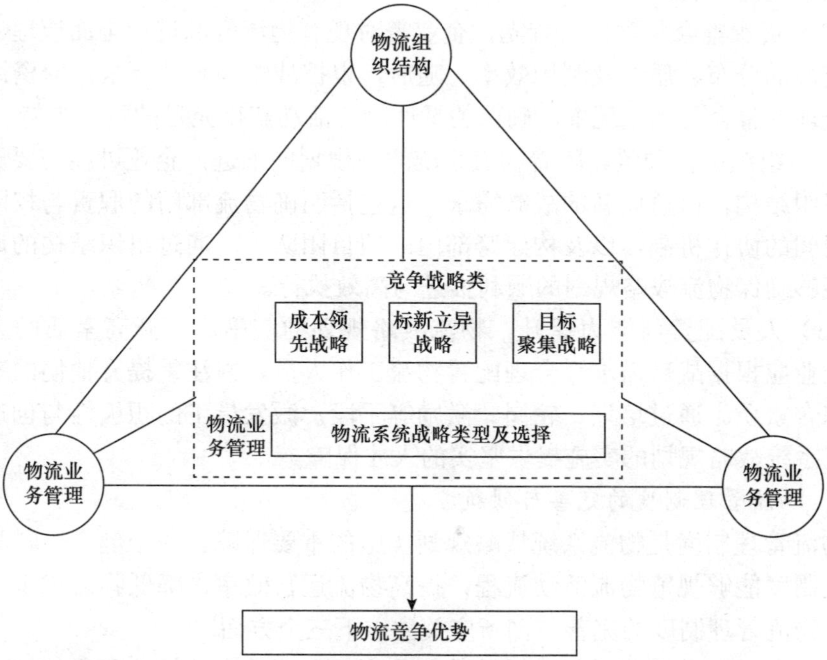

图 1-5　物流系统战略规划实施要素

1. 物流文化的培育与传承

物流文化是物流系统战略规划实施的重要精神支柱。一个积极向上的物流文化能够激发员工的归属感与使命感，促进物流战略规划的顺利实施与高效执行。具体而言，物流文化的培育与传承应关注以下三个方面。

（1）价值观的塑造。企业应明确自身的物流价值观并将其融入企业文化之中。通过宣传、教育等方式引导员工树立正确的物流观念与行为准则，形成共同的价值追求与行为规范。

（2）文化氛围的营造。为了营造积极向上的物流文化氛围，企业需注重工作环境的改善与团队精神的培育。通过举办各类文化活动、加强团队沟通与合作等方式增强员工的归属感与凝聚力，形成团结协作、共同奋斗的良好局面。

（3）文化的传承与发展。物流文化不是一成不变的而是需要随着企业的发展与市场的变化而不断传承与发展。企业应注重将优秀的物流文化元素融入日常管理与运营之中，并通过不断地学习与创新推动物流文化的持续发展与完善。

2．物流组织结构的重塑与优化

物流组织结构的构建是实施物流系统战略规划的基石。一个高效、灵活的组织结构能够确保战略意图的准确传达与有效执行。具体而言，这一过程包含以下三个关键方面。

（1）资源整合与配置。首先，企业需对现有物流资源进行全面梳理，明确各类资源的分布、质量及利用效率。随后，根据战略规划的要求，对资源进行科学合理的整合与优化配置，确保关键性物流活动获得充足的资源支持。

（2）组织结构调整。随着物流系统战略规划的推进，企业可能需要调整现有的组织结构，以适应新的战略需求。这包括明确物流部门的职责与权限，优化部门间的协作机制，以及构建跨部门的项目团队等。通过组织结构的调整，企业能够确保物流战略规划的顺利推进与高效执行。

（3）人员配置与能力提升。物流战略规划的实施离不开高素质的人才队伍。企业应根据战略需求，合理配置物流工作人员，并注重提升他们的专业技能与综合素质。通过培训、轮岗、激励等手段，激发员工的积极性与创造力，为物流系统战略规划的实施提供坚实的人才保障。

3．物流管理制度的完善与创新

物流管理制度是物流系统战略规划实施的重要保障。一个健全、科学的物流管理制度能够规范物流活动流程，提高物流运营效率，降低物流成本。具体来说，物流管理制度的完善与创新应关注以下三个方面。

（1）核心工作队伍的构建。战略实施者们需明确实施战略所需的核心工作队伍类型，并据此选拔合适的人才。在物流人才短缺的背景下，企业应充分利用内部资源，从现有采购、销售等部门中挖掘具备物流潜力的员工，通过培训等方式将其培养成为现代物流人才。同时，企业还应积极引进外部优秀人才，为物流系统战略规划的实施注入新鲜血液。

（2）人事与激励制度的建立。为了留住现有物流人才并吸引外部人才，企业应建立完善的人事与激励制度。这包括制定合理的薪酬体系、晋升机制以及绩效考核制度等，以激发员工的工作热情与创造力。此外，企业还应注重员工的职业发展规划与培训机会提供，帮助员工实现个人价值与企业目标的双赢。

（3）管理制度的创新。随着物流行业的快速发展与市场竞争的加剧，企业需不断创新物流管理制度以适应新的市场需求。这包括引入先进的物流管理理念、技术与方法等，以提升物流运营效率与服务质量。同时，企业还应注重管理制度的灵活性与适应性调整，以应对市场变化与突发事件带来的挑战。

（二）物流系统战略规划实施的阶段

物流系统战略规划的实施，是将抽象构想转化为实际行动的关键步骤，其重要性远超规划本身。在将规划蓝图付诸实践的过程中，可分为以下四个紧密相连的阶段。

1．战略的发动

战略启动阶段，物流系统领导者需将战略愿景转化为全体员工的行动指南。这要求对管理层和员工进行教育和培训，传播新思路、新理念，摒弃阻碍战略执行的旧观念。面对新战略的推行，初期往往伴随着员工的疑惑与不安。因此，领导者需阐明内外部环境变化所带来的机遇与挑战，指出旧战略的局限性，以及新战略的优势与潜在风险，以此激发员工对战略实施的认同感和紧迫感。在动员过程中，赢得关键执行者的理解与支持至关重要。领导者应关注组织结构调整与人员心态转变，确保战略实施顺畅无阻。

2．战略的实施计划

战略分解是将宏观战略细化为阶段性目标的过程，每一阶段设定具体目标、政策、部门策略和指导方针。编制阶段目标的时间表，对各阶段目标进行综合规划，注重阶段间衔接。远期目标可相对概括，但近期目标应详尽具体。在战略实施初期，应确保新旧战略平稳过渡，减少冲突。首阶段目标及计划需特别细化，涵盖年度目标、部门策略、指导方针及沟通措施，确保战略落地为各部门可执行的任务。

3．战略的运作

战略运作阶段依赖于六大要素：领导力与价值观、组织结构、企业文化、资源配置、信息沟通与控制机制以及激励体系。这些要素共同作用，将战略融入物流系统的日常运营中，使之成为标准化作业的一部分。领导者的能力、组织架构的合理性、文化氛围的积极正面、资源的有效分配、信息的透明沟通以及激励机制的健全，都是战略顺利执行的保障。

4．战略的控制与评估

战略实施于不断变化的环境中，因此，物流系统必须建立有效的控制与评估机制，以适应环境变迁，确保战略目标达成。控制与评估阶段聚焦于三个核心环节：构建控制体系、监测绩效与偏差、及时纠偏。通过定期评估战略执行情况，监控关键绩效指标，识别与计划目标的偏差，并采取必要措施进行修正，以维护战略的稳健推进。

第二章　物流系统的仓储与运输规划

仓储、库存和运输是物流和供应链系统中的基本环节，对企业的物流供应链至关重要。如何加强对这些组成部分的管理，提高企业物流系统的运作效率，是关系到企业经济效益的战略问题。本章主要讨论四个方面：仓库规划与库存管理、仓库绩效评价、物流运输网络规划，以及物流送货规划与管理。

第一节　仓库规划与库存管理

一、仓库规划

（一）仓库布局规划

仓库布局规划，作为物流管理体系中的关键环节，旨在通过科学合理的规划手段，实现仓库内部各组成部分在空间上的最优配置，从而提升仓库的运营效率与安全性。这一过程涉及库房、货棚、货场、辅助建筑物、铁路专用线、库内道路及附属固定设备等元素的平面与立体布局，确保它们能够在既定的范围内和谐共存，共同支撑起仓库的高效运作。

1．仓库总平面规划布置的要求

（1）适应仓储流程，促进生产顺畅。

1）单一物流方向。规划时需确保仓库内货品的流动遵循单一、清晰的路径，从卸车、验收到存放，各环节紧密相连，减少不必要的交叉与等待时间。

2）最短运距原则。通过精心布局，减少货品在库内的迂回运输，将铁路专用线置于库区中心位置，并依据作业特点、货品性质及地理条件，合理安排库房、专用线与主干道的相对位置，以缩短运输距离。

3）减少装卸环节。力求在货品卸车、验收、堆码等作业环节中实现无缝衔接，减少重复搬运，提升作业效率。

4）空间最大化利用。采用立体设计理念，合理规划仓库空间，确保货品的合理存储与库容的充分利用，避免空间浪费。

（2）提升仓库使用效率。

1）因地制宜，充分利用自然条件。根据地形、地质条件合理规划仓库布局，既满足货品运输与存放需求，又确保仓库资源的最大化利用。

2）竖向布置与平面布置相结合。在场地平面布局中，充分考虑各元素（如库房、货场、转运线、道路等）在地面标高线上的相对位置，实现竖向与平面的有机结合，提升整体运作效率。

3）机械化设备合理配置。根据仓库作业需求，合理配置机械化设备的数量与位置，注重设备间的配套使用，便于开展高效的机械化作业。

（3）保障安全生产与文明生产。

1）安全间距与设施。遵循《建筑设计防火规范》，确保库内各区域、各建筑间留有足够的防火间距，并配备完善的防火、防盗等安全设施，保障仓库安全。

2）环境友好与卫生要求。总平面布置需符合卫生与环境标准，确保库房的通风、日照条件良好，同时注重环境绿化与文明生产，维护职工身体健康。

2．仓库布局规划的原则

（1）高效物料搬运。选用高效率的物料搬运设备及操作流程，降低人力成本，提高作业速度与质量。

（2）单层设备优先。采用单层设备可降低仓库造价，提高资产平均利用效率，减少垂直搬运成本。

（3）单向直线流动。确保货物在出入库过程中保持单向直线运动，减少逆向操作与低效运作，提升作业效率。

（4）有效存储计划。制订科学的存储计划，合理安排货位，确保货品的快速存取与高效管理。

（5）充分利用高度。通过多层存储或高位货架等方式，有效利用仓库的垂直空间，增加存储容量。

（6）通道空间优化。在物料搬运设备限制条件下，尽量减少通道占用空间，提升仓库空间利用率。

3．仓库使用规划的要求

（1）便捷高效的物流动线。仓库位置应便于货物的入库、装卸与提取，内部区域划分清晰、布局合理，减少货物搬运距离与迂回运输。

（2）提升装卸效率。配置满足装卸工艺与设备要求的设施，提高装卸机械的作业效率，缩短作业时间。

（3）安全设施完备。仓库应配备齐全的安全、消防设施，确保生产安全。

（4）分区存放，减少风险。集装箱货物与零担货物应分开设置仓库，按发送、中转、到达等分类存放，并分线设置货位，降低事故风险。

（5）货门设置合理。货门的设置需兼顾装卸作业需求与堆存面积利用，避免因增设货门而造成不必要的空间损失。

（二）仓库结构规划

在物流管理体系中，仓库结构规划是确保货物安全存储与高效流转的基石。一个科学合理的仓库结构不仅能够提升作业效率，还能有效降低运营成本，增强企业的市场竞争力。以下是对仓库结构规划的深入剖析，包括其总体构成及设计时应考虑的关键因素。

1．仓库总体构成

（1）生产作业区。生产作业区，作为仓库的心脏地带，直接承载着商品的储存、分拣、包装及运输等核心功能。其内部布局精细，主要包括以下三个关键部分：

1）储货区。这是货物储存的主体区域，细分为库房、货棚和货场。库房提供封闭、安全的存储空间，适用于对温湿度有严格要求的商品；货棚则作为半开放式的储存场所，适用于对环境要求不高的商品；货场则更加灵活，不仅用于存放货物，还承担货位周转和调剂的重要角色，确保货物流通的顺畅。

2）铁路专用线与道路。作为库内外商品运输的生命线，铁路专用线和道路的设计需确保货物能够迅速、安全地进出仓库。专用线需与库内道路紧密相连，形成高效的运输网络，减少货物搬运过程中的时间成本和人力成本。

3）装卸站台。作为货车或汽车装卸货物的桥梁，装卸站台的设计需充分考虑运输工具的尺寸和作业方式。单独站台和库边站台各有优势，前者便于大型货车的作业，后者则能更有效地利用仓库空间。

（2）行政生活区。行政生活区是仓库行政管理机构及员工生活的区域，通常设置在仓库入口附近，便于业务接洽和管理。该区域与生产作业区保持适当距离，既保证了仓库的安全运行，又为员工提供了安静舒适的生活环境。

（3）辅助生产区。辅助生产区是仓库正常运转不可或缺的支持系统，包括车库、变电室、油库、维修车间等。这些设施为仓库的储运保管工作提供必要的服务和保障，确保仓库设备的正常运行和货物的安全存储。

2．仓库结构设计应考虑的因素

仓库结构设计是仓库功能实现的关键环节，其设计需综合考虑多方面因素，以确保仓库的高效运作和长期稳定性。

（1）仓库出入口与通道的优化。仓库出入口的位置和数量需根据建筑尺寸、货物堆码形式、出入库次数及作业流程等因素综合确定。出入口尺寸需满足各类运输工具的需求，确保货物能够顺利进出。库内通道作为作业畅顺的保障，需延伸至每个货位，减少转弯和交叉，提高作业效率。

（2）平房建筑与多层建筑的权衡。在仓库结构的选择上，平房建筑和多层建筑各有利弊。平房建筑便于货物的直接存取，减少了上下搬运的烦琐和成本，但在土地资源紧张的城市中心区域，多层建筑成为节约土地、提高空间利用率的优选。多层仓库设计时需特别关注上下楼通道的设计，确保货物能够顺畅流通。

（3）立柱间隔的合理安排。立柱作为仓库结构的支撑部分，其数量和间隔对作业效率有着重要影响。为减少立柱对作业的干扰，应尽可能减少立柱数量。但在平房仓库梁长超过一定限制时，需设置中间梁间柱以保证结构稳定。此时，需通过合理的立柱间隔设计来平衡结构安全与作业效率。

（4）地面构造的坚实耐用。地面作为仓库的承重基础，其构造需具备足够的耐压强度。设计时需根据保管货物的质量、装卸机械的总质量及楼板骨架的跨度等因素综合确定地面的负荷能力。对于流通仓库而言，还需特别考虑重型叉车作业的受力需求以确保作业安全。

（5）天花板高度的科学设定。随着仓库机械化、自动化水平的提高，对天花板高度的要求也日益提升。设计时需充分考虑未来可能使用的仓储装卸工具及其特殊要求，确保天花板高度能够满足作业需求并预留一定的发展空间。

（三）仓库使用规划

仓库使用规划，作为物流管理领域的重要一环，旨在通过科学、系统的规划手段，优化仓库资源配置，提升作业效率与货物保管质量，确保仓库运作的专业化、规范化和效率化。这一过程不仅关乎仓库的日常运营，更直接影响到企业的整体物流效率和成本控制。以下是对仓库使用规划的全面解析。

1．仓库使用规划的原则

（1）企业管理原则。企业在生产和机构设定上应遵循“以任务为目标、专业分工、管理幅度和管理层次”的原则。这一原则同样适用于仓库管理。通过分段、分片管理，明确作业规划和机构设定，实现仓库管理的有序进行。同时，合理划分管理幅度，确保人员管理到位、责任明确，便于员工激励和监督，保证仓库管理工作的有条不紊。

（2）专业化原则。在现代社会大生产的背景下，分工与专业化已成为提升生产力的关键。仓库管理同样需要遵循这一原则，通过明确的分工和专业化管理，提高仓库作业的专业性和效率。具体而言，仓库应根据货物种类、作业性质等因素，进行科学合理的分区与分类，确保每项作业都能由专业的团队或人员负责，从而提高整体作业水平和货物保管质量。

（3）充分利用原则。仓库使用规划应基于现有仓库的实际情况，充分考虑场地特性、设备条件及货品种类等因素，进行合理规划。通过合理布局和分配货位，确保仓库的每一个空间都能得到充分利用。同时，根据货物的周转量和存储需求，灵活调整货位和作业路线，提高仓库的空间利用率和作业效率。

（4）效率化原则。效率是仓库使用规划的核心目标之一。通过优化仓库布局、作业流程和设备配置，实现仓库作业的高效进行，加快货物周转速度，减少库存积压现象。特别是对于中转型仓库而言，高效率的周转更是其生命线。此外，稳定的仓库使用规划还能使库位使用固定化，便于员工熟悉和掌握，提高货物查询和取放的便捷性。

2. 仓库使用规划的内容

（1）仓库总体合理布局。根据仓库生产和管理的需要，对整个仓库的所有设施进行科学合理的布局规划。这包括确定生产区、辅助生产区、行政办公区等场所的位置和分布；对仓库、作业区、道路、门卫等进行明确划分和命名，以及对各类设施和建筑进行区分和标识等。通过合理的布局规划，实现仓库资源的优化配置和高效利用。

（2）仓库专业化分工。根据仓储物种和作业方式的不同，对仓库进行专业化分工和分区管理。通过设立食品区、日用品区、机电区、物资区等专业化区域，以及划分保管区、验货区、包装区等功能区域，实现仓库作业的专业化和精细化。同时，根据不同区域的特点和需求配置相应的设备和人员资源，提高作业效率和货物保管质量。

（3）仓库员工分工与管理范围。根据仓库员工的管理幅度和职责需求确定班、组管理范围和工作岗位。通过明确岗位职责和工作要求，制定合理的工作流程和作业规范，以及建立有效的员工激励和监督机制等手段。确保仓库管理的有序进行和员工工作的积极性与责任心。

（4）仓库货位安排与作业流程。为了实现货物的安全保管和快捷作业，需要对仓库货位进行合理规划和编号。通过明确货位的用途和位置关系，编制科学合理的作业流程和运送方向，确保每一个货位都能与作业通道相连通，并方便货物的存取和搬运。同时，根据货物的周转量和存储需求调整货位布局和作业路线，提高仓库的空间利用率和作业效率。

（5）仓库未来发展规划。在制定仓库使用规划时还需考虑仓库的未来发展需求。这包括编制仓库的发展战略和规模扩张计划，明确仓库的改造和扩建方向，以及提升仓库的机械化、自动化水平和技术改造方向等。通过制定科学、合理的未来发展规划，为仓库的持续发展提供有力保障和支持。

（6）仓库主要经济指标。最后还需关注仓库的主要经济指标，如设施利用率、劳动生产率、仓库吞吐存储能力、物资周转率、储存能力利用率以及储运质量指标等。通过定期监测和分析这些指标的变化情况，可以及时发现仓库运营中存在的问题和不足，并采取相应的措施进行改进和优化，从而确保仓库的高效运行和企业的可持续发展。

3. 仓库使用规划过程中应考虑的因素

（1）仓库管理方法与员工素质。仓库管理方法和员工素质是影响仓库使用规划效果的重要因素。先进的管理方法和高素质的员工队伍能够提升仓库管理的整体水平，确保仓库使用规划的有效实施。因此，在制定仓库使用规划时，必须注重管理方法的创新和员工素质的提升。

（2）仓库现状与未来发展。在制定仓库使用规划时，必须充分考虑仓库的当前状况及未来发展趋势。这包括仓库的地理位置、周边环境、设施状况以及未来可能面临的业务需求变化等因素。通过深入分析这些因素，为仓库的未来发展预留足够的空间和灵活性。

（3）仓库经营方式与仓储对象。不同的仓库经营方式和仓储对象对仓库使用规划有着不同的要求。例如，中转仓库需要更加注重货物的快速周转和便捷的作业流程；而长期存储仓库则更注重货物的保管质量和安全性。因此，在制定仓库使用规划时，必须根据仓库的经营方式和仓储对象进行合理规划。

（4）仓库机械化程度与未来发展。随着物流技术的不断发展，仓库的机械化程度也在不断提高。通过合理配置机械化设备、优化作业流程等手段，提高仓库的作业效率和货物保管质量。

（5）安全仓储与消防管理。安全是仓库管理的首要任务。在制定仓库使用规划时，必须充分考虑安全仓储和消防管理的需要。通过合理布局消防设施、制定安全管理制度等手段，确保仓库的安全运行和货物的安全保管。

（6）外部物流条件。仓库所面临的外部物流条件也是制定仓库使用规划时必须考虑的因素之一。这包括交通状况、物流设施、物流政策等方面。通过深入分析外部物流条件，为仓库的物流运作提供有力支持，确保仓库与外部环境的有效衔接。

二、库存管理

（一）库存与库存管理概述

库存，简而言之，是指处于储存状态的各类物资，这一概念广泛涵盖从仓库中静态存储的物资到生产现场、运输途中乃至零售货架上的动态物资。无论其储存时间长短，只要处于非直接消耗状态，均可视为库存。例如，正在运输途中的货物、商店货架上待售的商品，乃至生产车间里暂存的原材料和半成品，均属于库存范畴。

从领域角度划分，库存可分为生产库存与流通库存两大类。生产库存旨在确保生产流程的顺畅进行，它涵盖原材料、零配件及在制品等关键生产要素的储备。而流通库存则聚焦于产品从生产到最终消费的流通过程，包括生产企业的成品库存、批发商与零售商的存货等，这些库存是连接生产与消费的重要桥梁。

库存管理，作为对库存物资进行全面管理的过程，其核心在于平衡供应保障与成本控制两大目标。通过科学的库存业务管理、精确的物资品种数量控制、细致的库存成本分析及合理的库存量调控，实现库存的最优化管理。其中，库存控制作为库存管理的核心议题，直接关系到企业的运营效率与经济效益。

库存管理的终极目标是，在确保生产或销售需求得到满足的前提下，尽可能降低库存成本。一方面，充足的库存能够避免因缺货导致的生产中断或销售损失，同时可能通过规模采购、运输优化等方式降低成本。另一方面，库存的持有同样伴随着资金占用、保管费用、损耗风险等多重成本，因此，如何在保障供应与降低成本之间找到最佳平衡点，成为库存管理的关键挑战。

（二）库存控制管理

库存控制是一个复杂而精细的系统工程，其核心在于制定并执行有效的订货策略。根据不同的需求特性和成本结构，库存控制可大致归纳为定量订货系统与定期订货系统两大类别，这两种系统分别对应着定量订货法与定期订货法两种基本方法。

（1）定量订货法。该方法的核心在于预设一个订货点和订货批量。在日常运营中，持续监控库存水平，一旦库存量降至订货点以下，即触发订货操作。订货点和订货批量的设定依据是库存物资的成本结构、需求模式以及相关的持有成本和再订购成本。通过固定化的订货参数，实现库存水平的稳定控制。

（2）定期订货法。与定量订货法不同，定期订货法侧重于设定一个固定的订货周期和一个最高库存量。在每个订货周期内，定期对库存进行检查，并根据当前库存水平与最高库存量的差距确定订货批量。通过这种方法进行周期性的检查与调整，确保库存水平始终保持在合理范围内。

此外，为进一步提升库存管理的效率与效果，企业还可采用 ABC 分类管理法这一先进的库存分类管理方法，如图 2-1 所示。该方法由管理专家 H. Ford Dicky 提出，其核心思想是根据库存项的重要性（如销售量、现金流、交货周期或成本等因素）进行分类管理。具体而言，将库存项分为 A、B、C 三类：A 类库存项占据少量产品项但贡献高额销售额，需给予重点关注与严格控制；B 类库存项数量适中，销售额占比也处于中等水平，需进行适度管理；C 类库存项则数量众多但销售额贡献较低，可适当放宽管理要求。通过实施 ABC 分类管理法，企业能够更加精准地分配管理资源，实现库存管理的精细化与高效化。

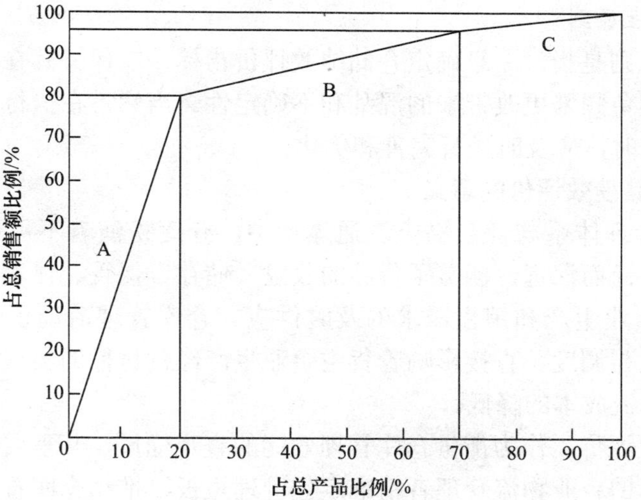

图 2-1　ABC 分析法

第二节　仓储的绩效评价

一、仓储绩效评价的原则和意义

（一）仓储绩效考核指标的制定原则

为确保仓储绩效评价体系的科学性与有效性，制定绩效考核指标时需遵循以下几项核心原则。

1．科学性原则

科学性原则是指，指标体系应能够客观、真实地反映仓储生产的各个环节和活动要素，确保评价结果的准确性和可靠性。

2．可行性原则

可行性原则是指，设计评价指标时，必须充分考虑企业的实际情况，确保指标具有可操作性，能够被各层级员工有效执行。

3．协调性原则

协调性原则是指，各项考核指标之间应相互关联、逻辑清晰，避免相互矛盾和重复，确保评价体系的整体性和一致性。

4．可比性原则

可比性原则是指，在执行绩效评价过程中，应保持评价尺度和内容的一致性，确保不同时间段或不同对象之间的评价数据具有可比性，便于进行横向和纵向对比分析。

5．稳定性原则

稳定性原则是指，一旦确定仓储绩效评价指标，应保持其在一定时期内的相对稳定，避免频繁更改带来的混乱和不确定性。当然，在执行过程中发现需要改进的地方时，应及时进行完善和优化。

（二）仓储绩效评价的意义

在企业管理体系与社会物资流通体系中，仓库扮演着不可或缺的关键角色，其职能广泛而深远，涵盖了货品的收发、储存、保管、保养、控制、监督及确保货主企业生产和销售需求的及时供应。仓库管理活动正是基于这些功能，通过优化与调度，直接影响着货主企业生产经营目标的实现、仓储成本控制以及整体物流成本的降低。

仓储绩效评价，作为衡量仓库管理效能的直观标尺，其重要性不言而喻。它不仅能够帮助企业物流管理者精准定位管理短板，推动仓库管理水平的持续提升，还能有效促进仓储成本的降低，增强企业的市场竞争力。具体而言，仓储绩效评价的意义体现在以下两个方面。

1．加强管理、降低仓储成本

（1）自我审视与改进。通过绩效评价，企业能够深入剖析仓库管理过程中的不足，为制定针对性改进措施提供依据，从而显著提升仓储管理水平。

（2）明确标准与责任。绩效评价体系明确了仓库管理的具体标准和岗位职责，强化了岗位责任制的落实，提升了管理的规范性和执行力。

（3）推动现代化进程。为了达成绩效指标，企业往往会主动引入先进的管理技术和设备，加速仓储管理的现代化转型。

（4）成本效益双赢。高效的仓储管理能够直接降低仓储成本，提升企业整体经济效益，实现成本节约与效益提升的双重目标。

2．进行市场开发，接受客户评价

（1）提升服务品质。科学规范的仓库管理体系能够显著提升企业的供货速度和资源利用效率，为客户带来更加优质的服务体验，从而赢得客户的信任与好评。

（2）稳固客户关系。通过提供可量化的质量评价指标和参考数据，企业能够更好地满足客户需求，增强客户黏性，稳固并拓展市场份额。

二、仓储绩效评价指标体系

仓储绩效评价指标体系是全面反映仓库生产成果和经营状况的重要工具。由于仓库在供应链中的位置及经营性质的不同，评价指标体系的具体内容也会有所差异。但总体而言，一个完善的仓储绩效评价指标体系应涵盖以下五个方面。

（一）进出货作业效率评价指标

1. 站台利用率

考核站台的使用情况是否因数量不足或规划不佳造成拥挤或低效。

$$站台利用率=\frac{进出货车装卸货停留总时间}{站台泊位数\times 工作天数\times 每天工作时数}\times 100\%$$

2. 站台高峰率

$$站台高峰率=\frac{高峰车数}{站台泊位数}\times 100\%$$

3. 人员负担和时间耗用

考核进出货人员工作分配及作业速度，以及目前的进出货时间是否合理。

$$每人每小时处理进货量=\frac{进货量}{进货人员数\times 每日进货时间\times 工作天数}$$

$$每人每小时处理出货量=\frac{出货量}{进货人员数\times 每日出货时间\times 工作天数}$$

$$进货时间率=\frac{每日进货量}{每日工作时数}\times 100\%$$

$$出货时间率=\frac{每日出货量}{每日工作时数}\times 100\%$$

（二）服务质量评价指标

1. 交货水平

交货水平计算公式如下：

$$交货水平=\frac{按交货期交货次数}{总交货次数}\times 100\%$$

2. 服务水平

服务水平计算公式如下：

$$服务水平=\frac{满足要求次数}{用户要求次数}\times 100\%$$

3. 商品完好 / 缺损率

商品完好 / 缺损率计算公式如下：

$$商品完好率=\frac{交货时商品完好量}{物流商品总量}\times 100\%$$

$$商品缺损率=\frac{缺损商品量}{物流商品总量}\times 100\%$$

4. 交货期质量

交货期质量计算公式如下：

$$交货期质量=\frac{规定交货期}{实际交货期}$$

（三）储存作业评价指标

1. 设施空间利用率

设施空间利用率的计算公式如下：

$$单位面积保管量=\frac{平均库存量}{可储存面积}$$

$$平均每品项所占货位数=\frac{货架货位数}{总品项数}$$

2. 库存周转率

库存周转率的计算公式如下：

$$库存周转率=\frac{出货量}{平均库存量}\times100\%$$

或

$$库存周转率=\frac{销售额}{平均库存金额}\times100\%$$

（四）仓储经营管理综合指标

1. 仓库坪效

衡量仓库单位面积（每平方米）的营业收入（产值）。

$$仓库坪效=\frac{仓库产值}{仓库总建筑面积}$$

2. 仓库生产率

仓库生产率是仓库实际产出与实际投入的比率，以此可以测定仓库生产过程满足需求的效率。

$$仓库生产率=\frac{某时期装运的订单数}{每时期装运的平均订单数}\times100\%$$

或

$$仓库生产率=\frac{同时期装运的订单数}{某时期接受的订单数}\times100\%$$

3. 固定资产周转率

衡量仓库固定资产的运作绩效，评估所投资的资产是否充分发挥效用。

$$固定资产周转率=\frac{仓库产值}{全库固定资产总值}\times100\%$$

4. 产出与投入平衡率

判断是否维持低库存量，与零库存的差距多大。

$$投入与产出平衡率=\frac{进货量}{出货量}\times100\%$$

（五）订单处理作业评价指标

1．订单延迟率

衡量交货的延迟状况。

$$订单延迟率=\frac{延迟交货订单数}{订单总量}\times 100\%$$

2．订单货件延迟率

考察仓库是否应该实施客户重点管理，使自己有限的人力、物力得到最有效的利用。

$$订单货件延迟率=\frac{延迟交货量}{出货量}\times 100\%$$

3．差错率

用于衡量备货作业质量。

$$差错率=\frac{备货差错笔数}{订单总笔数}\times 100\%$$

第三节 物流运输网络的规划

一、运输网络规划的内容及影响因素

（一）运输决策的内容

1．运输方式的选择

运输方式的决策是物流网络规划中的核心环节，它涉及产品从源头到目的地的移动方式。不同的运输方式各有特点，企业需根据具体情况选择最合适的方案。常见的运输方式包括以下六类。

（1）铁路运输。适合大批量、长距离的货物运输，成本较低，但速度和灵活性有限。

（2）航空运输。成本最高，但速度最快，适合高价值、紧急或时效性要求高的货物。

（3）公路运输。兼具速度与成本效益，灵活性强，适用于短途和中程运输。

（4）水路运输。最经济的长途和跨国运输方式，但速度最慢，适用于大宗货物。

（5）管道运输。专用于液体和气体的连续运输，如石油和天然气。

（6）电子运输。最新颖的运输方式，通过互联网传输数字商品，如音乐、软件等无形产品。

选择运输方式时，企业应综合考量速度、成本、货运量和灵活性，确保选择的方案既能满足业务需求，又能实现成本优化。

2. 内部化还是依靠外部资源

在传统物流模式中，企业往往自行管理运输职能。然而，随着第三方物流服务的兴起，越来越多的企业选择外包物流，以降低成本、提高效率。企业在规划运输体系时，需权衡自建物流与外包的利弊，考虑成本、控制力、服务质量等因素。

3. 路径和网络选择

路径和网络的选择直接影响物流效率和成本。路径指货物的具体运输路线，网络则是所有运输点和路径的集合。例如，企业需决定是否采用直送模式，或是通过第三方物流服务提供商进行中转。通常，在供应链设计初期，企业就需作出路径决策，以构建高效的物流网络。

4. 反应能力与盈利水平的整体权衡

运输策略的选择应平衡运输成本与速度，即盈利水平与反应能力之间的关系。高速运输虽能快速响应市场变化，但成本高昂；而低成本运输虽能节省开支，却牺牲了速度。企业需找到两者之间的最佳平衡点，确保运输策略既能支持业务增长，又能维持健康的财务状况。

在制定运输决策时，企业应考虑的因素还包括：

（1）环保与可持续性。绿色运输方式，如电动车辆和碳排放抵消项目，逐渐成为趋势。

（2）法规遵从性。遵守国际和地方的运输法规，确保合法合规。

（3）技术应用。物联网（Internet of Things，IoT）、人工智能（Artificial Intelligence，AI）和大数据分析等技术，能优化运输路线，提升效率和预测能力。

（4）风险管理。评估自然灾害、政治动荡等不可预见事件对供应链的影响，制订应急计划。

（二）影响运输决策的因素

在供应链管理环境中，任何运输决策的制定都离不开对两个核心因素的深入考量，即货物的托运方以及承运方。这两者在货物运输过程中扮演着举足轻重的角色。托运方需要货物在供应链的不同节点企业间顺利流转，而承运方则需按照托运方的指令，精准、高效地完成货物的运输任务。

1. 影响承运人决策的因素

承运方在规划固定资产投资、设定价格及运营策略时，必须审慎考虑以下五项关键成本。

（1）与运输工具相关的成本，这涉及承运方购置或租赁运输工具所产生的费用。无论运输工具是否投入使用，这项成本都会发生。在短期运营决策中，承运方通常将其视为固定成本；但在制定长期战略或中期规划时，这些成本则变为可变成本。购买或租赁运输工具的数量，成为承运方需要仔细权衡的选择。这类成本与运输工具的购置或租赁数量直接相关。

（2）与运量相关的成本，这包括货物的装卸费用以及与运量直接相关的燃料费用。在运输决策过程中，这些费用通常是变动的，除非装卸货物的劳动力成本是固定的。

（3）运营成本，涵盖了运输网络的设计与信息技术投资等相关费用。例如，当货运公司投资于线路规划软件以协助管理者进行运输线路决策时，该软件的投资、维护及操作费用即属于运营成本。

（4）固定运输成本，涵盖了运输枢纽和机场的建设成本，以及与运输活动无直接关联的劳动力成本。例如，货运终点站和机场的建设费用，并不受进出终点站的货车数量或使用机场的飞机数量影响。若司机的薪资与其出车安排无关，则该部分薪资也应纳入此项成本。在运营决策层面，这项成本被视为固定成本；但在涉及设施选址、规模规划及战略决策时，则变为可变成本。通常，固定运营成本与运输设施的规模成正比关系。

（5）与运距相关的成本，一旦运输工具启动运行，此类成本随即产生，包括劳动力薪酬和燃料费用。顾名思义，这些成本与运输距离的长短、运输持续时间紧密相关，但与所运输产品的数量无关。在制定战略规划时，该成本被视为变动成本；在制定影响运距和运输时长的经营决策时，同样被视为可变成本。

承运方的大部分成本与货车、火车或轮船的装载量无直接关联，而更多地取决于运输线路的设计与运输工具的安排。在制定战略和规划决策时，承运方应将上述所有成本视为可变成本；而在进行运营决策时，则应将大多数成本视为固定成本。

此外，承运方的决策还受到两个关键因素的影响：一是对目标市场的反应能力追求；二是市场所能承受的价格水平。以联邦快递和美国联合包裹递送中心为例，前者采用航空运输网络以提供迅速可靠的包裹递送服务，而后者则结合航空与公路运输提供价格较低但速度较慢的服务。这两种不同的运输网络策略在其服务价格表上得到了明确体现。从供应链的角度来看，当价格与目的地无关且运输速度至关重要时，航空运输网络更为合适；而当价格随目的地变化且可以接受较慢的运输速度时，公路运输网络则更为妥当。

2．影响托运人决策的因素

托运方的决策涉及运输网络设计、运输工具选择以及针对不同客户采取的差异化运输方式。托运方的核心目标是在满足客户需求的速度承诺的同时实现总成本的最小化。在决策过程中托运方必须考虑以下五个成本因素。

（1）运输成本，这包括为将货物运送至消费者手中而支付给不同承运方的总费用。该成本主要取决于各承运方的报价以及托运方所选择的运输方式，即选择成本较低但速度较慢的运输方式，还是选择成本较高但速度较快的运输方式。当承运方独立于托运方时，运输成本则变为可变成本。

（2）设施成本，这涉及供应链网络中托运方所拥有的各种运输设施的费用。仅当供应链管理者进行战略规划时该成本才视为可变成本；在进行其他运输决策时则均视为固定成本。

（3）作业成本，这涵盖了货物装卸及其他与运输相关的作业所带来的费用。在所有运输决策中该成本均被视为可变成本。

（4）库存成本，这是指在托运方的供应链网络中存储库存货物所产生的费用。在短期运输决策中该成本保持不变；但在设计运输网络或制定运营策略时则变为可变成本。

（5）服务水平成本，这是指在未能履行货物运送义务时所需承担的费用。在某些情形下这部分费用可能在合同中明确列出，而在其他情形下则可能通过客户的满意度来体现。在制定战略、规划和运营决策时均应考虑此项成本因素。

在进行运输决策时托运方需权衡上述各项成本因素。同时托运方的决策还会受到两个重要因素的影响：一是需要满足的客户对反应灵敏度的要求；二是从不同商品和服务中所能获得的利润水平。以网络先锋为例，这是一家在线零售商，它向客户承诺在客户指定的时间点起 30 分钟内完成上门送货服务；而美国联合包裹递送中心则不依据客户指定的时间仅在工作时间内进行送货，两家公司所设计的运输网络以及与需求相关的运输工具数量均反映了双方在战略上的差异。

二、物流运输网络设计

（一）直接运输网络

在直接运输网络中，货物直接从供应商处运送到零售商店，无须经过中间环节，如图 2–2 所示。

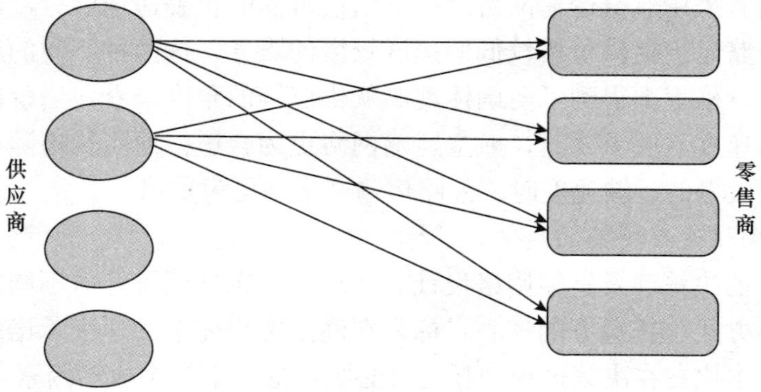

图 2–2　直接运输网络

这种网络的特色在于，每一次的运输路径都是明确指定的，管理者仅需确定运输的数量和方式。这要求管理者在权衡运输费用和库存费用时作出明智的决策。直接运输网络的优势显而易见：它无须借助中转仓库，操作与协调相对简单，且每次运输都是独立决策，互不影响。此外，从供应商到零售商的运输时效得到了显著提升。然而，这种模式的可行性在很大程度上取决于零售店的规模。如果零售店规模足够大，且每次的最佳补货量接近卡车的最大装载量，那么直接运输网络将是非常有效的选择。但对于规模较小的零售店而言，这种模式的运输成本可能会过高。

（二）设有配送中心的运输网络

在供应商和零售商之间设立配送中心的运输网络模式，首先将货物集中运送到配送中心，然后再由配送中心分发至各个零售店，如图 2–3 所示。

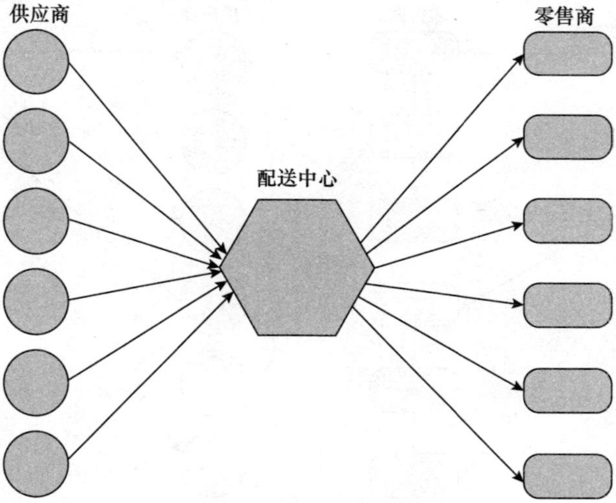

图 2–3 设有配送中心的运输网络

企业根据零售店的空间分布划分区域，并在每个区域设立配送中心。供应商将货物送至配送中心后，配送中心会选择最合适的运输方式将货物送至零售店。在这种网络中，配送中心扮演着至关重要的角色：它不仅作为货物的保管场所，还作为转运点，有效连接供应商和零售商。当供应商和零售商之间的距离较远、运费较高时，配送中心的存在能显著降低物流系统中的成本消耗。通过使进货地点更靠近最终目的地，配送中心为物流系统带来了规模经济效益。

（三）越库操作

在特定情况下，如果区域内大批量订货使运输经济得到优化，配送中心会保持这些库存，并为零售店进行小批量补货。然而，当零售店的补货规模足够大以获取进货规模经济效益时，配送中心则无须保持库存。此时，配送中心会将来自不同供应商的产品进行对接，并将进货分拆成运送到每家零售店的较小份额。这种操作模式被称为越库操作，其主要优势在于无须进行库存存储，从而加快了物流系统中产品的流通速度。此外，越库操作还减少了处理成本，因为货物无须在仓库中进行搬进搬出的操作。然而，成功的货物对接需要高度的协调性和进出货物时的严格同步。因此，越库操作特别适合大规模且可预测的商品流通，并需要在进出货物两个方面都能获取规模经济的配送中心支持。

（四）利用“Milk Run”的直接运送

“Milk Run”模式是一种高效的货物运输方式，它指的是一辆卡车从单一供应商处取货，然后依次送至多个零售店，或者从多个供应商处集货，再送至单一零售店的运输路线，如图 2-4 所示。

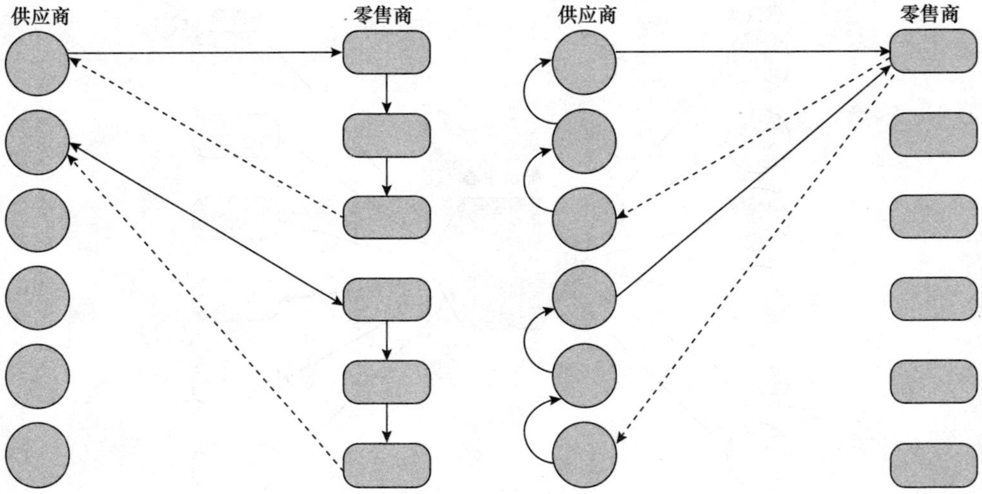

图 2-4 “Milk Run”运输网络

这种模式下，供应商可以利用一辆卡车直接向多个零售店供货，或者通过一辆卡车从多个供应商处集货后送至一个零售店。这样，不仅保留了直接运输无须借助中转仓库的优点，而且通过联合多家零售店的货物运输，大大降低了运输成本。尤其适用于规律性、经常性、小规模的运送，且多个供应商或零售店在地理位置上相近的情况，“Milk Run”模式能显著降低成本。

（五）设有配送中心的“Milk Run”运输网络

如果每家零售商的进货规模都较小，那么配送中心可以采用“Milk Run”线路向零售商进行送货，如图 2-5 所示。通过这种方式，小批量的联合运送能有效降低送货成本。然而，这种模式的成功应用也需要高度的协调性以及对“Milk Run”线路的合理规划和安排。

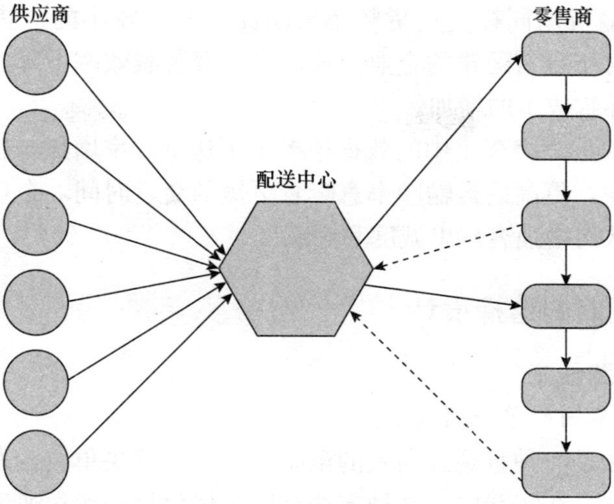

图 2-5 设有配送中心的“Milk Run”运输网络

第四节 物流送货规划与管理

一、送货频率的管理决策

送货频率是物流送货管理的重要内容，因为送货的次数对运输成本、存货持有成本、运输管理成本和客户满意度的影响有着很大的影响，这几个要素之间的关系见表 2-1。

表 2-1 送货频率对物流成本和业绩的影响

送货频率	存货持有成本			运输成本		客户满意度
	在途	批量	安全库存	运费	管理成本	
变大	下降	下降	下降	上升	上升	上升
变小	上升	上升	上升	下降	下降	下降

通过分析表 2-1 中的数据，我们了解到总在途库存、每批次库存量、安全库存量以及相关成本均随送货频率的提升而递减。这意味着，在运输管理实践中，企业应遵循这一趋势，寻求一个理想的平衡，以实现货物运输效率的最优化。

然而，运输管理成本与送货频率呈正相关，原因在于频繁的运输活动增加了文书处理和装载作业的次数，从而推高了企业的总体运输成本。

此外，运输费用同样受送货频率影响而上升。较小的送货量减少了运输折扣的机会，对于自营运输的企业而言，意味着装载效率下降，而空载比例上升，这两者均导致成本的增加。

值得注意的是，表 2-1 中的数据还揭示了送货频率增加与客户满意度提升之间的正向关联。更高的运输频率意味着更短的交货时间，企业能更迅速地响应客户需求，从而增强客户忠诚度和满意度。

二、运输线路的选择设计

（一）最短路线法

1．起讫点不同的单一问题决策

最短路线法是一种直观且高效的策略，适用于解决单一始发点和终点的网络运输选择问题。在实践中，这种方法有助于优化货物运送速度，进而提升整体物流效率，确保即便起讫点各异的运输需求也能得到有效满足。运输网络由节点和线路构成，节点间的连接不仅体现了物理距离，还间接反映了运输成本与速度等关键因素。

2．计算方法及步骤

（1）初始化目标。确定第 n 次迭代的目标，即识别出离始发点最近的节点，直至该节点为终点为止。

（2）输入准备。基于前一次迭代的结果，确定离始发点最近的（n-1）个节点。这些节点连同始发点构成已知节点集，而其余节点则为未知节点。

（3）候选节点筛选。从已知节点出发，通过线路分支指向一个或多个未知节点。在这些未知节点中，与已知节点间距离最短的节点被选为候选节点。

（4）最近节点计算。计算每个已知节点与其候选节点间的距离，并加上始发点到该已知节点的距离，总距离最短的候选节点即被确认为第 n 个最近节点，即从始发点到该节点的最短路径。

3．最短路线法举例

图 2-6 是一张高速公路网络示意图，其中 A 为始发点，J 为终点，B、C、D、E、F、G、H、I 是运输网络的中转节点，我们将节点与节点之间以线路连接，线路上标明了两个节点之间的距离（千米），以运行时间（分钟）表示。根据图 2-6 所示的内容，我们便可以确定一条由点 A 到点 J 的最短的运输路线。

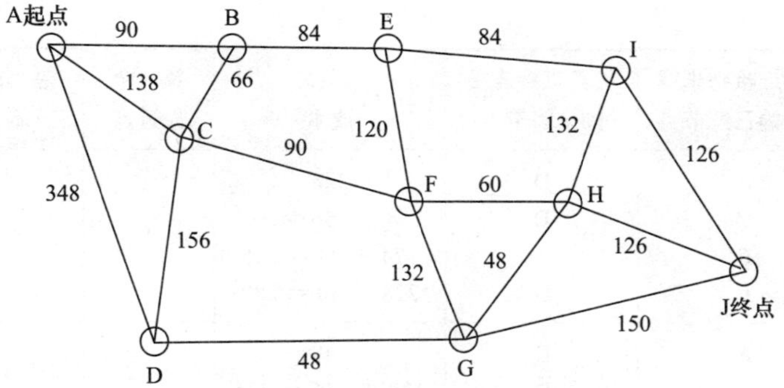

图 2-6　高速公路网络示意图

通过观察，我们可以发现起点 A 是第一个已解节点，而 B、C、D 是与 A 相连的未解节点。为了设计最短运输线路，我们可以按照以下步骤进行。

（1）首先，我们注意到 B 点是距离 A 点最近的节点，因此，我们将 AB 之间的连线标记为 AB。由于 B 点是距离 A 点最近的一个节点，我们可以确定 AB 之间的最短距离，并将 B 点标记为已解节点。

（2）接下来，我们需要找到距离 A 点和 B 点最近的未解节点，即 C 点和 D 点。我们只需要列出距离各个已解节点最近的连接点，即 A—C 和 B—C。需要注意的是，从起点通过已解节点到达某个未解节点所需的时间应该等于该未解节点到达已解节点的最短时间加上已解节点之间的时间。也就是说，从 A 点经过 B 点到达 C 点的距离为 BC ＋ AB=156 千米，而从 A 直达 C 的时间为 138 分钟。因此，我们可以将未解节点 C 也标记为已解节点。

（3）通过重复上述步骤，并比较和观察各个节点之间的最短距离，我们就可以得到最短的运输线路。

表 2-2　最短路线的计算方法

步骤	直接连接到未解节点的已解节点	与其直接连接的未解节点	相关总成本	第 n 个最近点	最小成本	最新连接
1	A	B	90	B	90	AB*
2	A B	C C	138 90 ＋ 66 ＝ 156	C	138	AC
3	A B	D E	348 90 ＋ 84 ＝ 174	E	174	BE*
4	A C E	D F I	348 138 ＋ 90 ＝ 228 174 ＋ 84 ＝ 258	F	228	CF

续表

步骤	直接连接到未解节点的已解节点	与其直接连接的未解节点	相关总成本	第 n 个最近点	最小成本	最新连接
5	A C E F	D D I H	348 138 + 156 = 594 174 + 84 = 258 228 + 60 = 288	I	258	EI*
6	A C F I	D D H G	348 138 + 156 = 294 228 + 60 = 288 258 + 126 = 384	D	288	FH
7	A C F H I	D D G G J	348 138 + 156 = 294 228 + 132 = 360 288 + 48 = 336 258 + 126 = 384	H	294	CD
8	H I	J J	288 + 126 = 414 258 + 126 = 384	J	38	IJ*

注：* 表示最小成本法。

第三次迭代要找到与各已解节点直接连接的最近的未解节点。表 2-2 中，有三个候选点，从起点到这三个候选点 D、E、F 所需的时间，相应为 348 分钟、174 分钟、228 分钟，其中连接 BE 的时间最短，为 174 分钟，因此，E 点就是第三次迭代的结果。

重复上述过程直到到达终点 J，即第八步。最终我们得到 A 到 J 之间最小的路线时间是 348 分钟，最优路线为 A—B—E—I—J。

（二）经验试探法

在运输线路规划和管理中，物流管理人员经常会遇到这样一个问题，即始发点与终点重合的运输线路选择问题。经验告诉我们，如果货物的运输线路彼此并不交叉，那么我们可以认为货物经过各停留点的次序是合理的，在这种情况下我们可以用最短线路法对其进行线路规划和设计。但是实际情况是，在企业货物的运输中，运输线路之间很多时候都是交叉的，在这种情况下最短线路法便失去了作用，我们需要用经验试探法进行运输线路的规划和设计。

图 2-7 是运输货物通过各点的运行路线示意图，其中图 2-7（a）是不合理的运行路线，图 2-7（b）是合理的运行路线。根据上述两项原则，物流管理人员可以很快画出一张路线图，但如果运用计算机进行计算和筛选则会花费

较长的时间。当然，如果点与点之间的空间关系并不真正代表其运行时间或距离（如有路障、单行道路、交通拥挤等），则用计算机寻求路线上的停留点的合理次序更为方便。

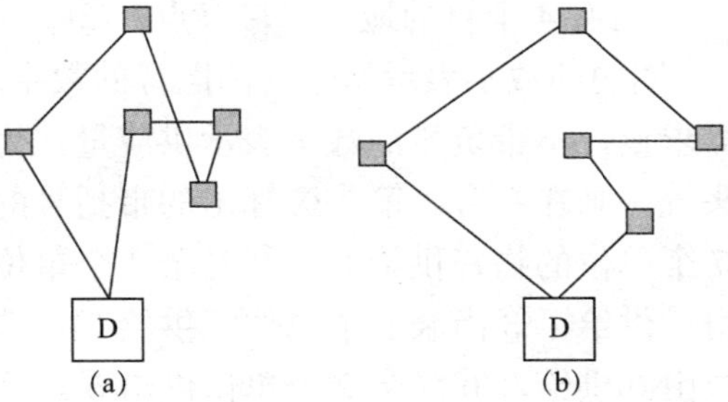

图 2-7　运输路线

（三）多起讫点问题的决策

当企业面对多个货源地和多个目的地时，决策变得尤为复杂。这种情况下，企业不仅需要为每个目的地指定合适的供货地，还需要找到连接供货地和目的地的最优路径。这种场景在供应链管理、物流和运输行业中尤为常见，尤其是当存在多个供应商、工厂或仓库为众多客户提供服务时。如果每个供货地的供应能力有限，那么这个问题就变得更加棘手。为了高效地解决这类问题，我们可以运用一种特殊的线性规划算法——运输线路图上作业法。

1．运输线路图上作业法

图上作业法是一种在运输网络图上直接进行作业以优化运输路径和方案的方法。在企业的实际运营中，运输能力往往受到各种因素的限制，如机器设备、人员配置等。因此，合理规划运输线路至关重要。否则，可能会出现货物的对流和迂回现象，这不仅会浪费企业的运输资源，还会增加不必要的运营成本。

对流现象指的是在同一段路线上，同一批货物反复往返运输，这显然是一种资源浪费。而迂回现象则发生在存在多个可选路径的情况下，如果选择的路径不是最短或最有效的，就会导致运输效率降低。例如，在一个环形路线上，从点 A 到点 B 有两条路可走，一条是较短的半圈路线，另一条是较长的半圈路线。如果选择了较长的路线，就发生了迂回现象。

为了避免这些问题，图上作业法提供了一种有效的解决方案。它可以帮助企业优化运输路径，减少不必要的对流和迂回，从而提高运输效率。特别是在运输路线上不含回路的情况下，这种方法的应用更为简单、直接。我们只需从各个端点出发，按照“各端供需归零站”的原则进行调配，就能得到一个高效的运输方案。

2. 不含回路的图上作业方案

运输路线上不含回路，方法比较简单。从各个端点开始，按“各端供需归零站”的原则进行调配。如图 2-8 所示，有 4 个起运站①、③、⑥、⑧，供应量分别为 7、8、6、4；另有 4 个目的地（运输终点）②、④、⑤、⑦，需求量分别为 2、8、7、8。圆圈内的数字表示站号，圆圈旁的数字表示供需量。其中，有负号的数字表示需求量，不带负号的数字表示供应量。为了便于检查对流现象，我们把流向箭头统一画在右旁。箭头旁标出的带括号的数字表示调运量。从端点①开始，把 7 个单位的物资供给②，②尚余 2 个单位，再供给③；端点④的 8 个单位物资由③供给，③尚余 5 个单位，供给⑤；端点⑧的 4 个单位供给⑥，⑦的 8 个单位由⑥供给，⑥尚余 2 个单位供给⑤。这样即可得出一个最优调运方案。

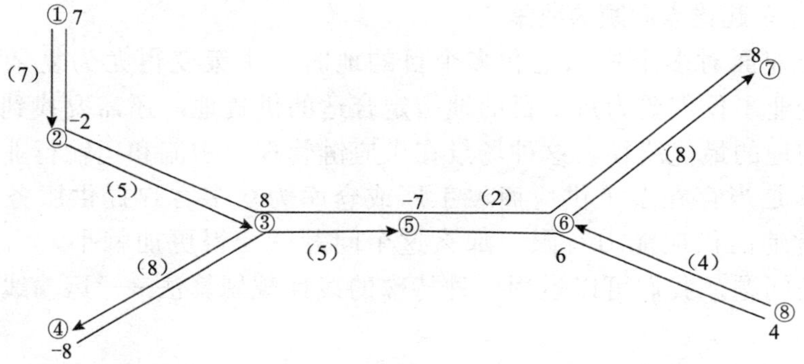

图 2-8　不含回路的调运方案

3. 含有回路的图上作业方案

如果运输路线中有回路，可以分三步逐渐求解，直至寻求到最优方案。

第一步，在每个回路中，去掉一段路线，变成不含回路的情况，按上述方法作出调运方案。

第二步，检查有无迂回现象。因为流向画在道路右旁，所以，圈内圈外都画有一些流向。应分别检查每个回路，如果圈内和圈外流向的总长度都不超过回路总长度的一半，那么，这个回路上就没有迂回现象了，这个方案就是最优方案。否则，转第三步。

第三步，改变原来的去段和破圈方式，转第二步，如图 2-9 所示。

如图 2-9 所示，由①、②、③、⑤、⑥、⑦组成的回路中，去掉①至⑦的线路；由④、⑧、⑥、⑤、③组成的回路中，去掉④至⑧的线路；便与图 2-8 所示的情况一样了。于是，可以得出类似的调运方案。图中各线路旁的不带括号的数字表示两点间的距离。在图 2-9 上部的回路中，总长度为 580，调运方案外圈总长度为 50 ＋ 50 ＋ 90 ＋ 100 ＝ 290，内圈总长度为 90，均不超过回路总长度的一半。而在图 2-9 下部的回路中，回路总长度为 310，而外圈总长度为 50 + 90 + 50 = 190，大于回路总长度的一半，所以此方案不是最优方案，应当调整。去掉①至⑦，⑤至⑥之间的线路，运输道路便不含回路了。按前面的办法，可作出调运方案，如图 2-10 所示。

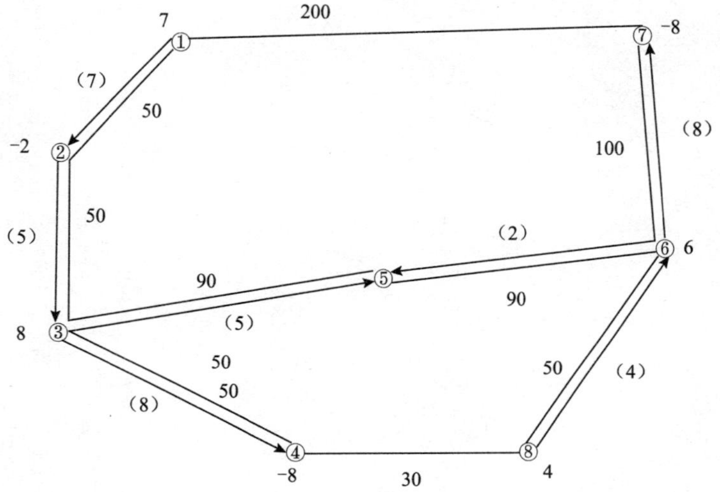

图 2-9　含有回路的调运方案

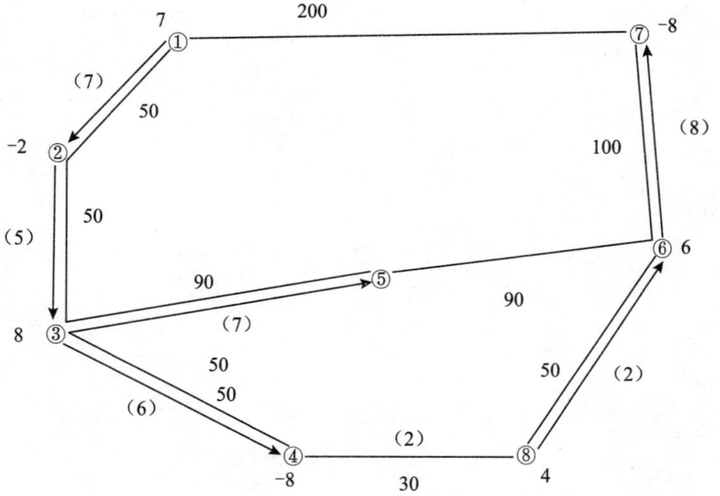

图 2-10　最优调运方案

第四步，确定最优方案。对各回路进行检验，对各回路的内圈和外圈分别计算，如果都不超过回路总长度的一半，即不存在迂回现象，那么就是最优方案了。

当节点很多时，用手工计算比较复杂，如果把网络的节点和连线的有关数据存入数据库中，则最短路线方法就可用电子计算机求解。绝对的最短距离路径并不说明穿越网络的时间最短，因为该方法没有考虑各条路线的实际运行质量。因此，对运行时间和距离都设定权数才可以得出比较具有实际意义的路线。

第三章　物流配送系统规划

在物流系统中，配送系统作为核心子系统之一，其规划和流程对整个物流系统的运作流程和规划产生深远影响。物流配送是现代电子商务发展的关键影响因素，它直接限制了电子商务的进步。本章将结合物流配送的基本概念，详细探讨物流配送系统的运作流程、组成部分、特点、目标以及规划，并深入讨论物流配送成本的优化和物流配送系统的绩效评估。

第一节　配送与配送作业流程概述

配送是一种从送货演变而来的物流形态，它不仅仅是简单的送货过程。配送更强调满足客户的需求，确保货物能够准确、及时地送达客户手中。在物流配送中心，货物经过整理、分类等处理后，再进行配送。本节将详细介绍物流配送的含义及其作业流程。

一、配送概述

物流配送，这一环节在现代物流体系中占据着举足轻重的地位，它指的是货物供应商在准确理解客户具体需求的基础上，经过细致的理货工作后，将客户所订购的商品准确、及时地送达客户手中。这一过程不仅关乎物流系统的运作效率，更直接影响到客户的满意度和企业的服务质量。

（一）配送流程的增值潜力作用

作为现代物流不可或缺的一环，配送流程蕴含着显著的增值潜力。这种潜力主要展现在三个方面：首先，通过高效的配送管理，企业能够显著减少库存量，这不仅优化了库存管理效率，还降低了库存管理成本。其次，随着配送系统的持续优化和配送线路的不断改进，客户可以通过联合集中订货的方式来降低采购成本，进而有助于降低产品的生产成本。最后，高效的配送流程能够推动运输规模经济的形成，这不仅提高了货物的运输效率，还在一定程度上缓解了城市交通拥堵和环境污染问题。

（二）配送的市场需求

随着市场经济和物流系统的不断发展，市场对配送服务的需求也日益多样化。这种需求的变化主要体现在以下四个方面：一是企业生产经营模式的转变，促使工业领域对配送服务提出了新的要求；二是规模经济的发展和商业连锁现象的普及，使得商业领域对配送的需求不断增加；三是消费者消费方式的转变，也带来了对配送服务的不同需求；四是随着电子商务的飞速发展，网上购物量的激增进一步推动了现实配送服务的需求增长。

（三）物流配送的基本理念

物流配送的核心理念主要体现在四个方面：首先是快速反应，这要求配送服务能够对物流和信息流的变化作出迅速而准确的反应，具体流程如图 3-1 所示。其次是连续补充库存，通过供应链管理库存技术，确保买方的库存得到持续且稳定的补货，从而避免生产过程中的缺货现象。再次是有效客户反应，它强调产销双方通过信息共享，共同对市场和客户的需求作出有效反应，以提升消费者满意度。最后是越库作业，这一理念旨在通过减少货物入库的步骤，降低库存成本，提高物流效率。

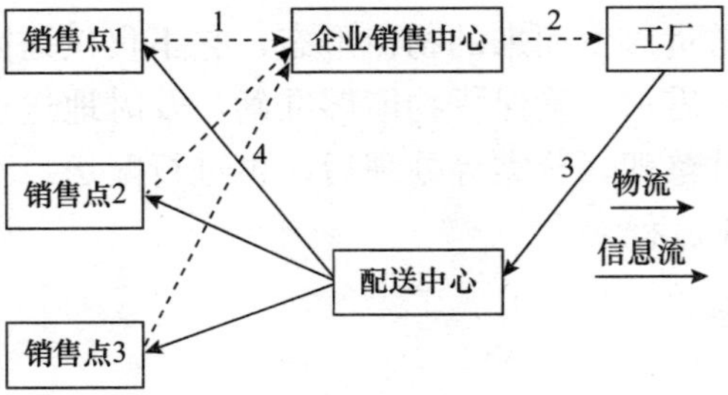

图 3-1　配送活动的基本任务

在现代商业环境中，物流配送的高效性不仅关乎企业的运营成本，更直接影响到客户体验和品牌形象。因此，企业需要不断优化配送流程，提升服务质量，以满足市场日益多样化的需求。通过践行上述的物流配送核心理念，企业可以在激烈的市场竞争中脱颖而出，实现持续稳健的发展。

此外，随着技术的不断进步，如物联网、大数据和人工智能等先进技术的应用，物流配送的智能化和自动化水平也在不断提高。这些技术能够帮助企业实现更精准的库存管理，更优化的配送路线规划，以及更高效的客户服务响应。未来，物流配送将继续朝着更智能、更绿色、更高效的方向发展，为现代商业的繁荣作出更大的贡献。

（四）配送活动的基本任务

配送不仅仅是一系列物流活动的简单集合，更是一项高度专业化的商业活动。这项活动涉及配送组织的构建、配送途径的精心设计等多个方面。作为物流系统中的关键环节，配送促进了商业流动和物流活动的紧密结合，为现代商业的高效运作提供了有力支持。具体来说，配送活动的基本任务，如图 3-2 所示。

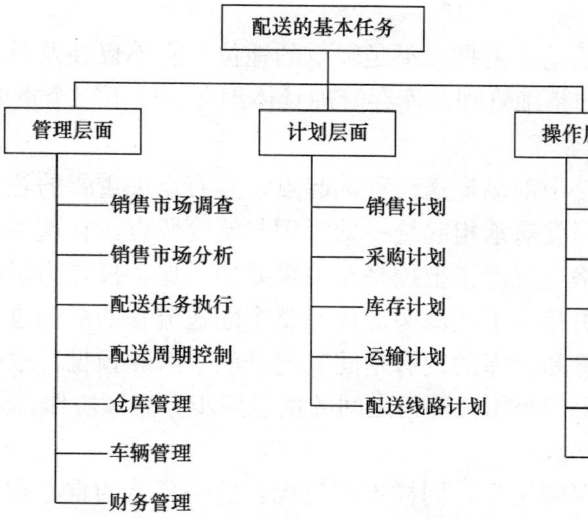

图 3-2　配送活动的基本任务

二、配送作业流程

配送作业，作为现代物流体系中的关键环节，包含了一系列复杂而精细的步骤。从备货到回程，每一个环节都至关重要，共同确保了货物能够准确、高效地送达客户手中。配送业务一般的作业流程如图 3-3 所示。

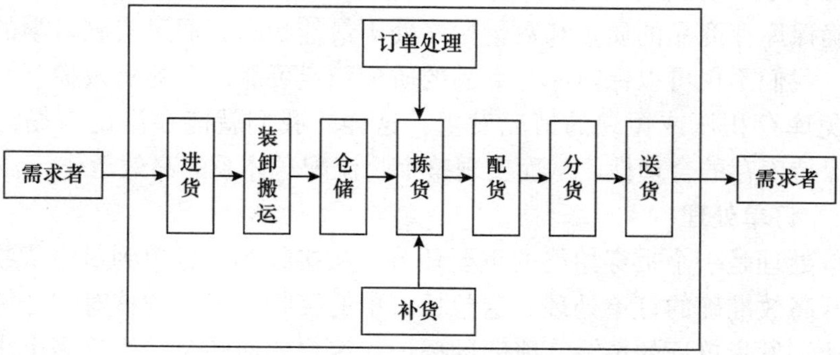

图 3-3　配送作业流程

（一）备货环节

备货环节是整个配送流程的起始点，其重要性不言而喻。这一环节包括货源的筹集、商品的采购、质量检查以及收货等过程。备货的效率直接影响到后续配送的流畅性和客户满意度。如果备货不及时或货源质量不达标，将会给整个配送流程带来不必要的延误和成本增加。因此，对备货流程的优化是提高整体配送效率的关键。同时，备货成本的控制也至关重要，它直接影响到企业的盈利能力和市场竞争力。

（二）储存

储存环节在配送活动中占据着举足轻重的地位。它不仅涉及对配送资源的保障，还包括对库存的精细管理。库存管理具体细分为以下三个重要部分。

1．进货入库作业管理

进货入库作业是整个商品配送流程的起点，具有至关重要的意义。每当商品进入仓库，配送部门就需承担起统一的管理与调度职责。在这一环节，对商品的质量、数量和规格进行严格把控是至关重要的。这不仅是为了确保入库商品的品质达到标准，更是为了从源头上保障整个配送流程的顺畅进行。同时，进货人员必须对进货量和仓库的现有空间有充分的了解和预见，这样才能确保与仓库管理、销售、生产等相关部门之间的信息同步和高效协作。

2．在库保管作业管理

商品在库期间的保管工作，同样不容忽视。这一环节的重心在于如何妥善养护库存商品，以及如何高效利用仓库空间。通过采取恰当的养护措施，我们可以确保商品在储存期间品质不降、价值不减，从而避免因保管不善而带来的各种损失。另一方面，对仓库空间的合理规划和使用，也是提高储存效率、降低仓储成本的关键。只有这样，我们才能实现库存的最大化利用，同时确保整个仓库的运作井然有序。

3．库存控制

库存控制，作为库存管理的最后一环，其重要性不言而喻。它的核心目标在于确保库存商品的质量和数量始终处于最佳状态。通过实施科学的库存控制策略，我们不仅可以保障库存商品的质量稳定可靠，还能有效控制商品的数量，避免库存积压或短缺的情况发生。这样，我们就能在满足市场需求的同时，也保持库存的合理性，从而实现整个物流配送体系的高效运作。

（三）订单处理

订单处理是一个贯穿始终的重要环节，从接收客户订单到最终货物送达，都离不开高效准确的订单处理。这包括订单的接收、库存的核对、分拣配送指令的下达、发货单证的填写、账簿的登记、客户的通知及结算等多个步骤。每一个步骤都需要严谨而迅速的操作，以确保客户的满意度和配送的整体效率。

（四）分拣及配货

分拣与配货是配送过程中不可或缺的环节，它们对于配送活动的成功与否具有决定性的影响。这两个环节通过精确的分拣和合理的配货策略，为后续的运输环节提供了有力的保障，推动了送货形式向更高效、更便捷的方向发展。

（五）配装环节

当面对单个客户的配送数量无法填满整个运输工具时，配装环节的重要性就凸显出来了。通过精心搭配和合理装载不同客户的货物，可以最大限度地利用有限的运输资源，从而实现配送效率的整体提升。

（六）输送过程

尽管输送环节被视为配送活动的末端环节，但它与普通运输有着显著的区别。在配送中，输送通常依赖于卡车等运输工具，在非干线运输线路上进行，且多在小区域内进行高频次、短距离的运输。这种运输方式更加注重效率和灵活性，以满足客户对快速配送的需求。

（七）送达服务

送达服务并非仅仅是将货物运送到目的地那么简单。为了确保配送活动的完整性，我们必须关注从货物运抵到用户实际接收的全过程。这意味着，仅仅把货物送到并不足够，我们还需要确保用户能够顺利、及时地接收到货物。为了实现这一目标，企业需要加强对配送流程的精细管理，从订单处理到货物送达的每一个环节，都必须严格按照用户的要求来执行。特别是在配送大件货物时，我们更要格外留意。除了确保货物的安全送达，还需要提供专业的卸载和安装服务。这不仅能够提升用户的使用体验，也是企业服务质量和专业性的重要体现。通过这样的全方位服务，我们旨在超越用户的期望，为他们创造更大的价值，从而建立起深厚的品牌忠诚度。

（八）配送加工

配送加工是流通加工的一种特殊形式，它以满足客户的特定需求为目标。这种加工形式在配送过程中起到了重要的辅助作用，能够根据客户的实际需求对货物进行必要的加工和处理，从而提供更贴合客户需求的产品和服务。

（九）回程

回程指的是运输工具在完成配送任务后返回的过程。为了提高运输效率和降低成本，回程管理变得至关重要。通过合理安排回程路线和有效利用回程的运输资源（如搭载其他货物），可以有效减少空驶和浪费情况的发生，从而提升整体的运输效率和经济效益。

第二节　配送系统的构成、特点和目标

在现代物流体系中，配送系统扮演着至关重要的角色。它不仅涉及多个组成部分，还拥有独特的特点和明确的目标。接下来，我们将深入探讨配送系统

的构成、特点及目标，以便更好地理解其在物流领域中的作用。

一、配送系统的构成要素

配送系统是一个由多个要素共同组成的复杂体系。这些要素之间相互关联，共同确保配送活动的高效运作。具体来说，配送系统主要由以下四部分构成。

（一）配送主体

配送主体无疑是整个配送系统的核心执行者。这些主体可能以专业的配送公司形态存在，也可能是企业内部专设的配送部门。无论何种形式，他们都肩负着将货物从起始点安全、准时地运送到目的地的重任。配送主体的专业素养和执行效率，直接关系到整个配送系统的运作质量和客户对服务的满意度。

在当今竞争激烈的市场环境下，提升配送主体的专业能力尤为重要。这包括加强员工培训，提高服务意识和操作技能，以及不断优化工作流程，确保配送活动的每一步都能精准、高效地完成。

（二）配送客体

配送客体，即配送过程中需要运输的具体货物。这些货物并非随意选择，而是根据客户的实际需求和市场状况精心挑选的。货物的种类、尺寸、质量、易碎性等特性，都会对配送方式和流程产生直接影响。

为了确保货物能够安全、完整地送达客户手中，配送系统在制定运输策略时必须充分考虑货物的这些特性。比如，对于易碎品，可能需要采取特殊的包装和运输方式；对于大尺寸或重货物，则需要考虑使用更强大的运输工具和装卸设备。

（三）配送设备

配送设备是指在配送过程中所使用的各类工具和机械，包括运输车辆、装卸机械以及分拣设备等。这些设备的选择和使用，直接关系到配送效率和货物安全。

在选择配送设备时，必须根据货物的特性和客户的需求来综合考虑。例如，对于需要冷藏的货物，应选择具备冷藏功能的运输车辆；对于大批量的货物，则可能需要使用大型的装卸机械来提高装卸效率。同时，定期维护和更新设备也是确保配送系统高效运作的重要环节。

（四）配送环境

配送环境指的是配送活动所面临的外部条件和因素。这些环境因素错综复杂，包括但不限于城市的交通状况、天气条件、政策法规以及配送人员的实际情况等。

作为一个开放性的物流服务系统，配送系统必须能够灵活应对这些不断变化的外部环境。例如，在交通拥堵的高峰时段，配送系统可能需要调整运输路线或时间，以确保货物的及时送达。同时，配送系统还应具备足够的应变能力，以应对突发事件和政策变化带来的挑战。

二、配送系统的特点

了解配送系统的特点有助于我们更好地理解其运作机制和优势。以下是配送系统的五个主要特点。

（一）以客户为中心的服务

配送系统的核心目标是满足客户的需求。这意味着配送服务必须完全围绕客户的需求进行设计和实施。“以客户需求为中心”应成为配送系统的基本原则和理念，贯穿于整个服务过程中。特别是在企业自营的配送系统中，客户的需求和满意度应成为衡量服务质量的关键指标。

（二）高要求的时间管理

准时送达是配送系统的首要任务。客户通常要求在指定的时间内收到货物，这对配送系统的时间管理能力提出了极高的要求。由于配送过程涉及多个环节，任何一个环节的延误都可能影响到整体的配送时间。此外，一些不可预测的外部因素，如交通事故等，也可能对配送时间产生影响。因此，配送系统必须具备强大的时间管理能力和应急预案，以确保准时送达。

（三）多客户、小批量的需求特点

配送活动通常面向多个客户，且每次配送的数量较少。这种多批次、小批量的配送模式给配送系统带来了更大的操作难度和复杂性。为了提高效率并降低成本，配送系统通常需要采用优化的路线规划和装载策略，以实现在一辆车上同时装载并配送多家客户的货物。

（四）小型的物流系统

尽管配送是物流系统中的一个环节，但它本身也构成了一个完整的系统。配送作业涵盖了物流系统中的多个关键流程，如进货、仓储、分拣等。这使得配送系统可以被视为一个缩小版的物流系统。因此，在管理配送系统时，我们需要从宏观的角度进行考虑，而非局限于单一的环节或因素。

（五）服务对象的不确定性

配送系统的服务对象并非固定不变。每天需要配送的货物和服务的客户都可能有所不同。这就要求配送系统具备高度的灵活性和适应性，能够根据具体的配送对象和需求来编制个性化的配送计划和路线。

三、配送系统的目标

作为一个小型的物流系统，配送系统与整个物流系统有着相同的目标追求。这些目标主要体现在以下四个方面。

（一）保证质量——可靠服务

除了速度要求，配送系统还必须提供可靠的服务质量。这意味着在运输过程中要确保货物不会发生损坏、丢失或数量不足等问题。为了实现这一目标，配送系统需要采取严格的质量控制措施和风险管理策略来确保货物的安全性和完整性。

（二）追求速度——快速配送

快速响应和及时送达是配送服务存在的基础和目的。在快节奏的生产环境和日益分散的社会分工背景下，配送系统必须能够迅速地将货物从供应商传递到客户手中。这种“门到门”的便捷服务是配送系统区别于其他物流方式的重要特征之一。

（三）节约成本——高效运营

配送系统的盈利能力在很大程度上取决于其成本控制能力。通过优化运输路线、提高装载效率以及简化客户订货程序等措施，配送系统可以降低运营成本并提高整体效率。这不仅有助于增加企业的利润空间，还能为客户提供更优质、更经济的服务体验。

（四）确保及时——准时送达

及时性对于配送系统来说至关重要。许多客户，尤其是那些实施零库存策略的企业，高度依赖配送中心的及时服务来维持其正常运营。如果配送活动出现延误或故障，将对客户的生产和销售造成严重影响。因此，确保准时送达是配送系统的核心目标之一。

第三节　物流配送系统的规划

在现代物流体系中，配送系统的规划至关重要，它涉及对运输路线、运输方案及运输流程的精心设计和计划，旨在确保配送活动能够高效、准确地完成。本节将从总体规划和具体规划两个层面，深入探讨物流配送系统的规划要点。

一、总体规划

物流配送系统的总体规划，首先需明确其指导原则，通常应遵循“时效性、可靠性、便利性、经济性”四大原则。这些原则为配送系统的设计和运营提供了基本方向和衡量标准。

在实际操作中，配送系统会受到诸多因素的影响，包括但不限于配送计划的合理性、运输路径的选择以及交货的及时性。这些因素综合起来，将直接影响配送服务的质量和效率。因此，进行科学的总体规划显得尤为重要。这不仅需要考虑物流配送的基本流程，还需将市场动态、交通状况、车辆条件等外部因素纳入考量范围。

二、具体规划

配送系统的具体规划就是对物流配送的具体作业流程进行程序和方式的优化，从而提高配送系统的工作效率。配送系统的具体规划主要包括以下四个方面的内容。

（一）信息收集与处理的精心规划

信息收集是配送系统规划的基础，它涉及对市场需求、商品价格以及客户具体需求的深入了解和掌握。这一过程包括对当前市场数据的收集和对未来市场趋势的预测。信息收集可以通过多种方式进行，如直接收集厂商数据、进行现场访谈等。收集到的信息需经过系统的整理和分析，才能为配送系统规划提供有力的数据支持。

信息处理则是对这些收集到的信息进行深入分析和解读，以提取有价值的数据洞察。分析的内容包括订单变动趋势、商品的数量和种类变化、市场供需动态、人力资源需求以及作业和事务流程等。这些信息处理的结果将为配送计划的制订提供重要参考。

（二）配送计划的周密制订

基于收集和处理的信息，接下来需要制订最合适的配送计划。加强计划性对于提升配送作业的质量和减少误差至关重要。同时，合理的配送计划还有助于库存管理，确保资金快速周转。

在制订配送计划时，需综合考虑商品的多样性、客户类型的差异以及运输车辆的选择等因素。目标是制订出一个既能满足客户需求，又能降低配送成本、提高配送效率的全面计划。此外，在配送作业和接单过程中，还需对商品库存、管理人员及配送设备进行严格的检查和确认，以确保资源的有效调度。

（三）配送路径的科学规划

货物的配送路线对配送速度、运输成本和企业物流效益具有显著影响。因此，优化配送路线是提升物流运输管理效率的关键环节。其中，节约里程法是一种具有代表性的优化方法。

节约里程法的基本假设包括配送货物的一致性、客户信息的确定性以及配送中心足够的运输能力，图 3-4 是利用里程法进行配送线路优化时货物运输车辆的排序图。其原理是通过比较不同配送路线的行驶里程，选择出最节约里程的路线组合。在实际操作中，如果车辆承载量允许，应尽量将多个收货点的货物运输安排在同一辆货车上完成，以形成高效的配送路线。

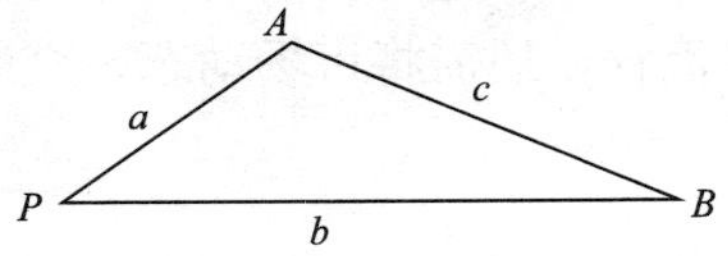

图 3-4 车辆排序

通过这种方法，企业不仅可以降低运输成本，还能提高配送效率和服务质量，从而在激烈的市场竞争中脱颖而出。

（四）配送流程的细致设计

配送流程涉及从客户下单到货物送达的整个过程，包括分拣、加工、配货和运输等环节。由于配送系统几乎涵盖了物流的所有要素，因此，在优化和规划时需对每个具体流程进行精心设计。根据货物种类和送货地点的不同，选择最合适的配送流程至关重要。

第四节 物流配送成本的优化和绩效评估

物流配送成本是影响企业利润的关键因素之一。随着越来越多的企业采用配送系统，有效控制物流成本成为物流管理的核心内容。同时，对配送系统进行及时的绩效评估对于优化配送流程、提升配送效率至关重要。本节将重点探讨如何优化配送成本和进行绩效评估。

一、物流配送成本的优化

在物流领域，配送成本是衡量物流配送系统效率的关键指标。配送成本涵盖了商品在空间移动过程中涉及的所有费用，这些费用包括但不限于人工成本、作业流程中的消耗、货物在运输途中的损耗、资金利息以及各种管理费用。有效地管理和优化这些成本，对于提高企业的盈利能力和市场竞争力至关重要。

（一）影响配送成本计算的关键因素

在精确计算配送成本之前，我们需要明确几个核心要素，这些要素对配送成本的构成有着直接影响。

1. 成本构成要素的确定

配送过程中产生的费用多种多样，如人工费用、存储保管费、运输费用、设备折旧费用等。是否将这些费用全部纳入成本计算，对配送成本的总额有着重要影响。

2. 成本计算对象的明确

在配送的诸多环节中，需要明确哪些环节产生的费用应计入配送成本，这是确保成本核算准确性的关键。

3. 成本计算范围的界定

配送的货物种类多样，服务对象也各不相同，这导致了成本计算方式的差异。选择何种计算方式，对最终的成本核算结果有着显著影响。

（二）配送成本的特点分析

为了更有效地优化配送成本，我们必须深入了解其特性。

1. 隐蔽性

配送成本往往并不直接体现在企业的财务报表中，而是分散在“销售费用”或“管理费用”等多个项目下。这种隐蔽性使得管理人员难以直接获取准确的配送成本数据，从而增加了成本管理的难度。

2. 成本削减的乘数效应

配送成本的降低能够带来企业利润的显著增长。例如，配送成本的小幅下降可能会引发销售额的大幅提升，这种乘数效应显示了优化配送成本的重要性。

3. 成本的“二律背反”现象

配送成本的各个组成部分之间往往存在着相互制约的关系。例如，降低库存成本可能需要减少库存量，但这可能导致运输频率的增加和运输成本的上升。这种“二律背反”现象要求企业在优化配送成本时进行全面的权衡和考虑。

（三）配送成本的构成

根据不同的分类标准，我们可以将配送成本划分为不同的类别。

1. 基于配送环节的分类

从配送活动的基本环节出发，我们可以将配送成本分为配送活动成本、信息处理成本以及配送管理成本。这种分类方式有助于企业更清晰地了解各个环节的成本状况，为成本控制和优化提供有力支持。

（1）配送活动成本。包括运输、装卸、搬运等直接与配送活动相关的费用。

（2）信息处理成本。涉及订单处理、库存管理、路线规划等信息系统运行和维护的费用。

（3）配送管理成本。包括管理人员薪酬、办公费用以及与其他管理活动相关的支出。

2．基于支出形式的分类

从费用的支出形式来看，配送成本可以分为企业内部支付的配送成本和支付给外部企业的配送成本两部分。这种分类方式便于企业对各项费用的变动情况进行分析和评估，进而对物流活动的绩效进行客观评价。

（1）企业内部支付的配送成本。主要包括员工薪酬、设备折旧、能源消耗等企业内部运营产生的费用。

（2）支付给外部企业的配送成本。如第三方物流服务费用、运输费用等支付给外部供应商或服务商的费用。

二、物流配送的绩效评估

在竞争日益激烈的市场环境中，企业为了获取更多的利润，必须致力于提升物流效率。物流配送作为物流活动的核心环节，其绩效评估显得尤为关键。有效的绩效评估不仅能帮助企业更好地配置资源，还能推动建立高效的物流系统，进而降低成本、提升盈利能力。

（一）物流配送绩效评估的目的

物流配送的绩效评估是通过一系列计算和分析，以金额或比率的形式来衡量企业经营状况的一种方法。具体来说，对物流配送环节进行绩效评估旨在判断物流系统中该环节的生产力状况，并识别出可改进和优化的领域。其目的主要体现在以下三个方面。

1．激发员工动力

物流配送环节的绩效评估有助于将企业和员工个人的工作目标相结合，从而提升员工的工作热情。例如，企业可以将绩效评估结果作为决定员工薪资的重要因素，这将极大地激励员工更加投入到工作中。但值得注意的是，在提高员工工作效率的同时，也要确保工作质量不受影响。

2．增强部门和员工的责任感

通过对各部门或各员工的工作进行详尽的绩效评估，将其作为考核单位来审视实际工作成果，这有助于提高部门和员工的责任意识以及目标达成意识。这种评估方式不仅能让管理者更清晰地了解物流系统的运作状况，判断其是否达到预期的工作目标，而且还能激发员工的积极性，从而提升企业整体的工作效率。

3．强化企业成本意识

对配送环节进行绩效评估，有助于提升企业内部各部门及员工的利益意识和成本意识，进而实现精简高效的管理。在工作过程中进行实时评估，可以帮助企业管理者在重大错误发生前及时进行控制和纠正，避免造成重大损失。

（二）物流配送绩效评估的原则

在对物流系统中的配送环节进行绩效评估时，必须遵循以下关键原则。

1．建立上下级之间的信任关系

信任是确保绩效评估公正、顺利进行的重要基石。因此，在实际评估之前，必须努力在企业内部建立上下级之间的深厚信任。这种信任关系能够保障员工在平和的心态下接受绩效评估，从而大大提高评估体制的公平性和有效性。同时，企业在评估过程中应积极听取并采纳员工的意见和建议，以不断优化评估体系，确保其更加科学、合理和人性化。

2．明确企业经营战略

在进行绩效评估之前，首要任务是明确企业的经营战略，包括经营方针和最终目标。这有助于确保绩效评估的方向性，使评估能够真正助力企业经营目标的实现。

3．完善绩效评估体系

要实施有效的绩效评估，首先需要建立一套完善的评估制度。这一制度应根据企业不同部门的特点和生产力状况来量身定制，确保评估的针对性和有效性。同时，员工应充分了解并理解企业的绩效评估方式及内容，以增强评估的透明度和公信力。

（三）物流配送绩效评估的影响因素

在进行物流配送绩效评估时，有几个核心因素显著影响着评估的结果和有效性。这些因素不仅关乎配送的效率，还直接决定了客户满意度和企业的运营成本。

1．快速响应能力

快速响应是影响配送服务是否及时满足客户需求的关键因素。时间是衡量配送效率的最直接指标，因此在绩效评估中，对配送中心响应时间的评估至关重要。这种快速响应的能力直接关系到客户满意度和企业的市场竞争力。

2．最小变异控制

最小变异指的是在配送作业过程中可能出现的、对系统稳定运行构成威胁的最小突发事件。这些事件虽然影响可能不大，但频繁发生也会对整体配送效率和服务质量造成显著影响。在绩效评估中，对最小变异的控制能力是衡量配送服务水平是否达标的重要标志。

（四）物流配送绩效评估的内容

物流配送绩效评估根据评估的侧重点不同，可以分为内部和外部两大部分。这两部分各自关注不同的评估维度，共同构成了物流配送绩效评估的完整框架。

1. 配送中心内部绩效评估

内部绩效评估主要聚焦于配送中心内部的运营状况，通过对比当前物流作业成果与往期成果及本期目标，来全面评价配送中心的运营效率和服务质量。具体来说，内部绩效评估涵盖以下五个方面。

（1）物流客户服务水平评估。这项评估旨在衡量配送中心在满足客户需求方面的表现，是评价企业服务质量和客户满意度的重要依据。

（2）成本评估。通过分析配送过程中的各项费用，可以评估配送中心在成本控制方面的能力，进而优化成本结构，提高盈利能力。

（3）生产率评估。生产率评估关注配送中心在完成配送任务时的资源投入与产出关系，通过静态、动态和替代性指标的综合分析，全面评价配送中心的生产效率。

（4）配送质量评估。这是评估配送活动整体效率和质量的关键环节，涉及订单处理、库存管理、拣货、装货、送货等多个方面，是确保客户满意度的重要保障。

（5）资产管理评估。对配送中心投入的设施、设备及其使用状况进行评估和管理，有助于优化资源配置，提高资产利用效率。

2. 配送中心的外部绩效评估

外部绩效评估则更多地从外部视角来审视配送中心的表现，包括客户和其他企业的评价。这种评估方式有助于配送中心获取更多外部信息，进而调整和优化自身的运营策略。具体来说，外部绩效评估包括以下两个方面。

（1）客户角度的评价。通过调研或订货系统追踪等方式，从客户角度对配送中心的库存可得性、信息化程度、订货完成时间等方面进行评价，有助于更准确地了解客户需求和满意度。

（2）与其他企业的比较。通过设定通用的基准，将本企业配送中心在资产管理、成本、生产率、技术、运输、仓储等方面的表现与其他企业进行横向比较。这种比较不仅有助于发现自身的优势和不足，还能为配送中心的持续改进提供有力的数据支持。通过这种全面的内外部绩效评估体系，企业可以更加精准地识别并改进配送环节中的短板，进而提升整体物流效率和客户满意度。

（五）物流配送绩效评估的指标体系

物流配送绩效评估的指标体系是围绕物流服务的最终目标构建的。为了实现配送中心的整体物流目标，我们需要对各种分目标进行评估，而这些评估所依据的就是一系列具体的指标。这些指标共同构成了物流配送绩效评估的完整指标体系，为我们全面、客观地评价配送中心的运营状况提供了量化标准，具体见图 3-5。

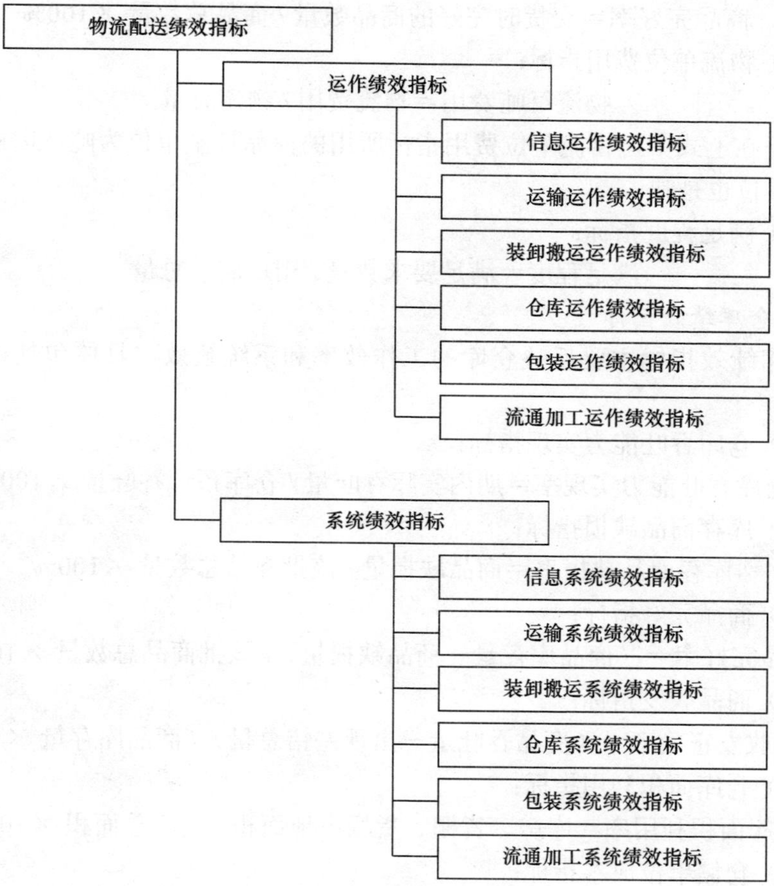

图 3-5　物流配送绩效评估指标体系

在实际操作中，由于物流产出服务，并且包括运输和仓储两大重要的活动要素，因此，物流配送的指标体系主要包括以下三方面内容。

1. 物流服务绩效指标

物流服务绩效指标具体包括以下六项指标。

（1）服务水平指标：

服务水平＝满足要求的频数 / 客户需求频数

（2）交货期质量指标：

交货期质量＝规定交货期－实际交货期

在上式中，如果交货期质量的计算结果为正值，说明配送中心在规定时间之前就完成了交货，如果计算结果是负值，则表示配送中心没有按时交货。

（3）交货水平指标：

交货水平＝交货期交货次数／交货总次数

（4）商品完好率指标：

商品完好率＝交货时完好的商品数量／商品总数量 ×100%

（5）物流单位费用指标：

物流每吨费用＝物流费用／物流总量

由于在上式中，物流单位费用指标所用的商品计量单位为吨，因此，物流总量的单位也是吨。

（6）满足程度指标：

满足程度＝满足要求数量／用户需求总量

2．仓库绩效指标

仓库绩效指标主要反映仓库的工作效率和系统绩效，具体包括以下九个指标。

（1）仓库吞吐能力实现指标：

仓库吞吐能力实现率＝期内实际吞吐量／仓库预计吞吐量 ×100%

（2）库存商品缺损指标：

库存商品缺损率＝商品缺损量／该批商品总数量 ×100%

（3）商品完好指标：

商品完好率＝（商品库存量－商品缺损量）／该批商品总数量 ×100%

（4）商品收发指标：

商品收发正确率＝（商品吞吐量－出现差错总量）／商品库存量 ×100%

（5）仓库面积利用指标：

仓库面积利用率＝库房、货棚、货场占地面积／仓库总面积 ×100%

（6）仓储单位成本指标：

仓储每吨每日成本＝仓储成本／库存量

在上式中，计算结果的单位为元／（吨·天）。

（7）设备状况指标：

设备完好率＝期内设备完好数量／通气设备总数量 ×100%

（8）设备利用指标：

设备利用率＝全部设备所有工作时长／设备总工作能力（时数）×100%

（9）仓容利用指标：

仓容利用率＝仓库实际占用容积／库存总容积 ×100%

3．运输环节质量指标

运输环节中的质量指标与仓库指标相比有以下两种较为特殊的内容。

（1）正点运输指标：

正点运输率＝正点运输次数 / 运输总次数 ×100%

（2）满载指标：

满载率＝车辆实际装载量 / 车辆装载能力 ×100%

（六）物流配送绩效评估指标的分析

对物流配送绩效评估指标的分析，旨在通过解读数据，揭示配送环节及配送中心存在的问题，从而指导我们进行改进。在实际工作中，我们通常采用两种主要的分析方法：单一指标分析法和多元指标分析法。

1．单一指标分析法

单一指标分析法是基于单一指标数据对配送绩效进行评估。这种方法简单易行，但可能因忽略其他重要因素而导致评估结果片面。它适用于对特定环节或方面进行快速评估，但可能无法全面反映配送中心的整体绩效。

2．多元指标分析法

与单一指标分析法相比，多元指标分析法综合考虑了多个相关联的绩效评估指标。通过对这些指标的综合分析，我们能够获得对配送系统更为准确、全面的评价。这种方法能够揭示各指标之间的相互关系和影响，有助于我们发现并解决配送系统中的复杂问题。

第四章　企业供应链管理研究

第一节　供应链管理概论

一、供应链管理的概述

（一）供应链的含义

供应链（Supply Chain，SC）是一个围绕核心企业构建的多维度网络体系，它通过精细管理信息流、物流、资金流等关键要素，将原材料供应商、制造商、分销商、零售商直至最终用户紧密相连，形成了一个高效运作的功能性网链，如图 4-1 所示。这条链条不仅承载着产品的物理流动，更是一个价值不断增值的过程，每个环节都在为产品增添市场价值或附加价值。因此，供应链不仅是一条物流链，更是一条价值增值链，体现了现代商业活动的复杂性与协同性。

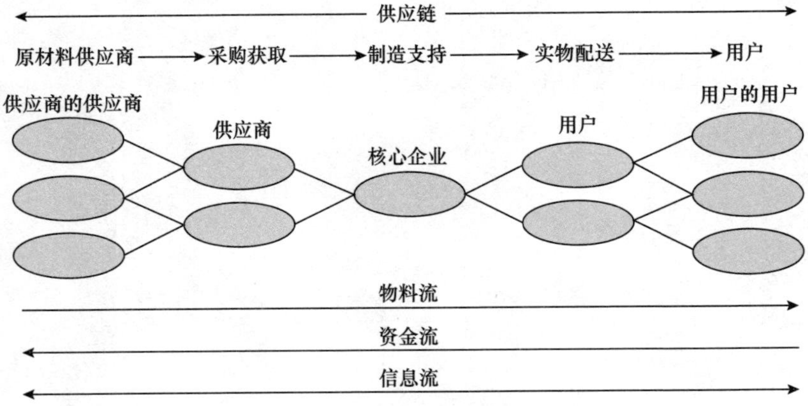

图 4-1　功能一体网络结构

从组织结构上看，供应链跨越了企业内部与外部的界限，涵盖了从原材料采购到最终产品交付的全过程。在企业内部，供应链涉及采购、生产、分销等多个部门；在企业外部，则连接着广泛的供应商网络、制造商集群、销售渠道以及最终消费者。这种网链关系强调节点企业之间的需求与供应的紧密衔接，每个节点既是上游企业的客户，也是下游企业的供应商，共同构成了一个相互依存、共同发展的生态系统。

（二）供应链管理的含义

供应链管理，作为管理学领域的一个新兴且富有深意的概念，已经逐渐渗透并成为现代管理哲学的重要组成部分。尽管目前学术界和业界对于供应链管理的定义尚未达成完全一致，但可以从多个维度来深入理解和阐述其内涵与特点。

从根本上说，供应链管理是对整个供应链系统进行全面计划、有效执行、精准协调、严格控制和持续优化的一系列活动和过程的总称。它不仅关注提供最终的产品和服务，还强调在信息流动中为用户和股东创造并增添价值。这一管理理念涵盖了从原材料供应商到最终用户的所有关键业务过程，旨在确保客户所需的产品能够在正确的时间、以正确的数量、质量、状态、价格和地点被送达，同时实现总成本的最小化。

在更广泛的层面上，供应链管理的定义延伸到了整个价值链，包括从原材料的开采到产品使用结束后的处理过程。这种广义的定义不仅包含了传统的采购与供应管理流程，还扩展到了物资的再利用或再生过程。它强调如何使企业充分利用供应商的工艺流程、能力和技术，以提升自身的竞争力，并在组织内部实现产品设计、物流、采购管理和生产制造功能之间的紧密协作。当价值链中的所有战略组织被集成为一个统一的知识实体，并贯穿于整个供应链网络时，企业的运作效率将得到显著提升。

然而，由于广义的供应链管理所涉及的价值链极为复杂，企业往往难以全面获取其带来的所有利益。因此，狭义的供应链管理定义应运而生，它更侧重于在一个组织内部集成不同功能领域的物流活动，从而加强从直接战略供应商到生产制造商、分销商，再到最终消费者之间的联系。这种狭义的定义特别强调了直接战略供应商的技术与能力，尤其是他们在产品设计阶段早期的参与，作为提高生产制造商效率和竞争力的有效手段，如图 4-2 所示。

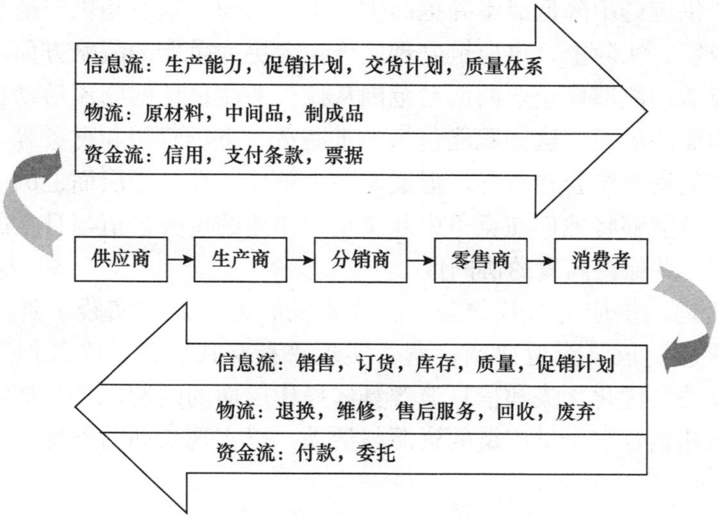

图 4-2 供应链管理的流程

供应链管理作为一种新型的管理哲学，它强调的是供应商、供应商的供应商、企业自身、分销商、客户以及最终客户之间的合作关系。这种关系是基于合作、协同、信息共享、全程优化、利益均沾和风险分担的原则而建立的赢利伙伴关系。自20世纪80年代末以来，供应链管理的内容发生了显著的变化，这种变化首先体现在理念和关注点的转变上。供应链管理突破了传统管理方法的狭窄视野，开始从客户的需求出发，关注到储运商、销售商和供应商，而不再仅仅局限于企业自身或部门内部。

在我国，2001年发布实施的国家标准《物流术语》（GB/T 18354—2001），对供应链及其管理给出了明确的定义。供应链被定义为在生产及流通过程中，涉及将产品或服务提供给最终客户的上游或下游企业所形成的网络结构。而供应链管理则是利用计算机网络技术全面规划供应链中的商流、信息流、物流、资金流等，并进行计划、协调、组织与控制的一系列活动。

总体来说，供应链管理是在产品极其丰富和现代科技快速发展的背景下逐步发展起来的管理理念。它涉及各种企业管理及企业的方方面面，是一种跨行业的管理方式。企业之间作为贸易伙伴，为了追求共同经济利益的最大化而共同努力。供应链管理是物流一体化管理的进一步扩展，其主要目标是将供应链中合作伙伴的物流部分和组织的物流职能进行合并或紧密连接，形成一个完整的集成化系统。这样一来，库存计划人员可以直接通过计算机网络查看供应商的库存情况，或者让生产人员能够满足统一计划的顾客需求。

在实际应用中，供应链管理是以一个共同的目标为核心而组织在一起的。起初，它被认为是一种关于加快信息和物品在供应通道中流动的运作管理活动。这种活动可以优化业务环节，使它们与供应链中的伙伴的活动保持一致，从而在整个供应链中降低成本并提高生产率。然而，这只是供应链管理概念中的一部分内容。实际上，供应链管理应该包含更为重要的战略方面。它是一种运作管理技术，能够使企业的活动范围从仅仅关注最佳的物流活动扩展到涵盖所有企业职能的层面。这些职能包括加工制造、市场营销和财务等，它们都以最佳的方式紧密地结合在一起，形成了一个整体。在这个层面上的企业集成将使企业管理者能够将他们在竞争中起决定性作用的主要价值与日常的运营活动联接在一起，并保持高度的协同性。

综上所述，供应链管理作为一种先进的管理理念和实践工具，已经发展成为保障供应链成员企业协调运营、实现“利益共享和风险共担”的重要途径。它不仅关注优化物流和信息流等具体操作层面的问题，还更加注重从战略高度来规划和整合整个供应链的资源与活动，以实现长期的可持续发展和竞争优势。

二、供应链管理的本质

供应链管理的本质是一个多维度、多层次的概念，它深刻地体现了人们对管理各环节之间以及各环节内部构成要素之间内在关系的不断深化认识和能力的有效提升。以下是对其本质特征的详细阐述。

（一）动态性

供应链管理是为了提高企业市场的应变能力，确保能够及时、有效地满足客户需求而出现的一种先进管理方式。在供应链管理中，所有参与者（或要素）都必须随着市场条件、竞争环境的变化而不断进行调适和变换。这种调适和变换的成效，关键在于参与各方（或要素）间能否形成积极的互动和良性的循环。例如，波特教授的“价值链”学说中，价值链的各个要素（如内部物流、外部物流、生产作业等）都会随着企业外部环境的变化而作出相应的调整和变化，并在调整和变化中各自发挥最佳作用，以实现整体价值的最大化。

（二）系统性

供应链管理所涉及的管理对象大多是包含多种要素并且相互关联的有机体系，具有整体性、综合性、层次性、相关性等特点。这些要素之间相互依存，环环相扣，共同构成一个复杂的系统。与现代企业价值链的非线性特征相比，传统企业价值链的线性特征显得较为简单。现代企业价值链（即虚拟价值链）的构成是非线性的，它有潜在的输入、输出点，并且在任一阶段都包含着五项以信息为主要内容的创造价值活动：搜集、组织、合成、选择和分配。这些活动紧密相连，不可分割，并在可视化管理、反应能力和利用信息技术建立新型客户关系上共同增加或创造着价值。

（三）立体性

供应链管理所涉及的诸多方面或要素往往分别处在不同的行业、区域或阶段，且每个方面或要素又自成体系，从而构成了多层面、多维度的立体网络。这种网络的优点在于能够较好地运用和发挥各自的优势，实现资源的整体优化配置。例如，作为制造商的企业，在大的方面是“外部供应链”的重要一环，而其内部又存在着由市场预测、订单管理、采购管理等多个环节共同构成的复杂系统。

（四）战略性

供应链管理具有顺应全球经济一体化发展的强大功能。企业要想充分发挥供应链管理的潜在作用，必须将供应链管理作为企业的战略性问题来思考，而不能仅仅将它理解为一种业务方法。供应链管理体现了企业从“纵向一体化”管理模式向“横向一体化”管理模式的战略转变。这需要管理者具有敏锐的战略眼光，能够通过对未来经济发展、市场变化和客户需求的预测，制订出长远的战略发展计划，并在激烈的竞争中保持供应链优势。

（五）交叉性

供应链节点企业可以同时是几个供应链的成员，充当不同的角色。众多的供应链纵横交错，形成交叉结构。这种现象的存在有多种原因，如制造商为了满足分销商差异性需求必须采购不同的原料和生产不同的产品，零售商为了满足最终客户多样化的需求必须寻找多种进货渠道。这种交叉性导致了供应链管理的复杂性，对管理者提出了更高的要求。同时，它也带来了一个问题：在从"纵向一体化"管理模式向"横向一体化"管理模式的战略转变中，如何对多个供应链进行集成和管理。

（六）信息性

供应链管理的每个部分或要素间的互动都是通过信息沟通来完成的。信息是供应链管理的核心，没有信息，供应链管理的每个部分或要素就会成为彼此孤立的、残缺的片段。通过设置物流信息管理系统，企业可以及时掌握库存产品的数量、品种、位置等信息，使配送中心及时调配货物，以最便捷的形式满足客户需求。同时，信息流动是双向的，发货者可以根据反馈信息及时掌握出货情况和客户的其他需求或意见。

（七）过程性

供应链管理是事物发展的过程性和规律性的具体体现，具有很强的时序性、目的性、重复性和不可逆性。在供应链管理过程中，信息流大多是从客户需求开始，通过零售商、分销商、批发商传到制造商那里，然后由制造商传给供应商，从而掌握客户需求。在制成产品后，物流又通过制造商、分销商、零售商送达客户手中，从而满足客户需求。这一过程必须遵循一定的时序，不可颠倒，以免引起混乱。它不仅是满足客户需要的过程，也是实现各部分、各环节衔接的最佳化的过程。它改变了企业与客户间的互动方式，由过去企业主导型的"推式"转变成客户主导型的"拉式"，旨在将正确的产品，在正确的时间，以正确的质量、按正确的数量、正确的状态送到正确的地点，并使总成本最小。

（八）创新性

传统的企业管理注重企业内部质量、成本和时间的管理。然而，在供应链管理中，除了传统的质量、成本和时间管理，还需要有不断创新的管理方法、管理理念和管理技术。例如，前置期管理、快速反应、有效客户反应、共同管理库存、供应商管理库存以及协作计划、预测与补货等。这些创新性的管理理念和技术旨在降低整个供应链的成本，同时满足客户多方面的需求，提升企业的市场竞争力。

三、供应链管理的特点

供应链管理，作为一种创新的管理模式，其独特之处在与传统物流管理和传统管理方法的对比中显得尤为突出。以下是对供应链管理特点的详细阐述。

（一）与物流管理的对比

供应链管理已经超越了传统物流的范畴，将物流纳入其核心组成部分。与传统物流管理相比，供应链管理展现出以下显著特点。

1. 动态响应系统

供应链管理是一个高度动态的响应系统，它要求企业始终关注对关键过程的测评和管理。在快速变化的市场环境中，企业管理层需要不断对供应链的运营状况进行规范和评价，以确保达到预期的管理目标。如果未能达到预期，企业必须及时考虑替代方案并作出相应调整，以确保供应链的灵活性和适应性。

2. 组织外部一体化的强调

传统物流管理主要关注组织内部的功能整合，而供应链管理则更强调跨组织和跨边界的一体化。供应链管理是一个复杂且高度互动的系统工程，需要同步考虑不同层次上相互关联的技术经济问题，并进行成本效益的权衡。这包括在组织间和组织内部存货的形态、存放地点、执行计划的时机等问题的决策，以及供应链系统的选址、布局、信息共享的深度等问题的考量。特别地，供应链管理要求供应链成员从一开始就共同参与新产品开发战略或整体发展战略的制定，实现跨组织和跨边界的一体化管理。

3. 物流的高级形态

供应链管理实际上是从物流的基础上发展起来的。从企业运作的层面来看，它从实物的分配开始，逐渐整合物资管理和信息管理，形成了供应链管理的概念。从企业关系的层面来看，它通过整合制造商、批发商、分销商和最终客户的关系，以及向供应商的逆向整合，形成了供应链管理的完整框架。这种从渠道关系到操作功能的整合，使得物流从战术层次提升到战略高度。因此，供应链管理虽然看似一个新概念，但实际上它是物流在逻辑上的延伸和升华。

4. 协商机制

传统物流管理主要依赖于计划的制订和执行，而供应链管理则更注重渠道成员之间的协调和联合。在供应链管理中，虽然也制订计划，但其目的是实现渠道成员之间的共同利益和协调发展。例如，美国联合技术公司通过网络公布生产计划，使供应商能够更迅速地响应需求变化。供应链管理是一个开放的系统，它的一个重要目标就是通过分享存货水平和需求信息来减少或消除供应链成员企业中所持有的缓冲库存，实现“共同管理库存”的理念。

5. 决策的发展

供应链管理决策和物流管理决策都以时间、成本和绩效为基准点。然而，供应链管理决策在包含运输决策、库存决策和选址决策等物流管理决策的基础上，还增加了业务流程整合决策和关系决策，形成了更高形态的决策模式。这些决策的综合目标都是最大限度地提高客户服务水平，形成一个由客户服务目标拉动的空间轨迹。因此，物流的决策必须服从供应链管理的整体决策，以实现整个供应链的最优化。

6. “外源”的整合组织

与垂直一体化的物流管理不同，供应链管理是在自己的核心业务基础上，通过协作来整合外部资源以获得最佳的总体运营效益。在供应链管理中，除了核心业务，几乎每件事都有可能通过外部协作来实现。这种“外源”的整合方式使得企业能够更加专注于自己的核心业务，如新产品开发和市场营销，而将其他制造和服务活动以合同形式委托给其他企业进行。这种网络组织或虚拟企业的形式使得企业能够更加灵活地应对市场变化并降低制造成本。

7. 互动特性

从管理对象来看，传统物流管理主要以存货资产为管理对象，而供应链管理则是对存货流动中的业务过程进行管理。它更注重对关系的管理，因此具有一定的互动性。在供应链管理中需要对所有关键的业务过程实施精细管理，包括需求管理、制造流程管理、采购管理、订单执行管理以及新产品开发及其商品化管理等。这种对业务过程的精细管理使得供应链管理具有更强的互动性和适应性。

8. 对共同价值的依赖性

随着供应链管理系统结构复杂性的增加，它将更加依赖信息系统的支持。如果物流管理是为了提高产品面向客户的可行性，那么供应链管理则是先解决供应链伙伴之间信息的可靠性问题。因此，供应链也可以被看作合作伙伴之间信息增值交换的一系列关系。虽然互联网技术为提高信息可靠性提供了技术支持，但如何分配和管理信息却取决于供应链成员之间对业务过程一体化的共识程度。因此，与其说供应链管理依赖于网络技术，不如说它是为了在供应链伙伴之间形成一种相互信任、互惠互利、相互依赖和共同发展的价值观和依赖关系而构筑的信息化网络平台。这种对共同价值的依赖性使得供应链管理能够更加有效地协调和优化整个供应链的资源配置和运营效益。

（二）与传统管理方法的对比

供应链管理作为一种先进的管理模式，其核心在于建立成员之间的紧密合作关系。与传统的管理方法相比，供应链管理展现出以下鲜明的特点。

1. 物流一体化的管理

供应链管理本质上是对物流一体化的管理。物流一体化是指不同企业之间或不同职能部门之间通过物流合作，共同致力于降低物流成本、提高物流效率。供应链管理通过物流这一纽带，将供应链上的各节点企业以及企业内部各部门紧密地联结起来，从而打破了传统观念中交易双方利益对立的模式。它在整个供应链范围内建立起基于共同利益的协作伙伴关系，强调从全局和整体上把握物流的各项活动。在供应链管理模式下，物流活动从供应商开始，一直延伸到最终消费者，形成一个统一的整体进行管理。这种管理方式使得整个供应链的库存水平达到最低，实现了供应链整体物流的最优化。库存在这里并不是必要的，而是变成了一种平衡机制。因此，供应链管理更加强调零库存的概念，通过减少库存来降低资金占用和库存维持成本，同时避免缺货现象的发生。

2．以客户为中心的理念

在供应链管理中，客户的服务目标被设定为优先于其他所有目标。它以满足客户需求为最高宗旨，通过降低供应链成本的方式，实现对客户需求的快速响应。这种以客户为中心的理念使得供应链管理能够更加注重提高客户满意度，从而获取竞争优势。供应链管理实质上是为了满足顾客的需求而存在的，它的一切活动都围绕着如何更好地服务客户、提高客户满意度而展开。

3．集成化的管理方式

供应链管理应用信息技术和网络技术，重新安排和组织业务流程，实现集成化管理。这种管理方式使得供应链成员能够及时有效地获得客户的需求信息，并对信息作出迅速响应，以满足客户的需求。信息技术的应用缩短了从订货到交货的时间，提高了企业的服务水平。同时，它还提高了事务处理的速度和准确性，简化了作业过程，减少了人员需求，提高了整体效率。离开了网络技术及信息的支撑，供应链管理就会丧失其应有的价值。因此，信息已经成为了供应链管理的核心要素。

4．跨企业的贸易伙伴之间的密切合作

在供应链管理中，企业改变了传统的经营意识，超越了组织机构的界限，建立了新型的客户关系。其意识到不能仅仅依靠自己有限的资源来参与市场竞争，而是需要通过与供应链参与各方进行跨企业、跨部门和跨职能的合作来共同追求利益。这种合作方式使得企业之间能够建立起良好、稳定、共存共荣的互助合作关系，形成一种双赢的局面。通过共担风险和共享利益，供应链成员能够更加紧密地合作在一起，共同应对市场的挑战和机遇。

总而言之，供应链管理通过更好地了解客户、给他们提供个性化的服务和产品、使得资源在供应链上进行合理流动、缩短物流周期、降低物流费用和库存水平以及提高物流效率等方式来显著提高企业的竞争力。这种先进的管理模式使得企业能够更加灵活地应对市场的变化和挑战，实现持续的发展和成长。

四、供应链管理的核心构成

供应链管理旨在提升企业个体及整个供应链的长远绩效，它涉及对传统商务活动进行全面的战略协调，并对特定公司内部跨部门以及供应链成员间跨公司的运营活动进行统一的协调与控制。供应链被视为一个有机的系统整体，其管理内容框架特别注重各部分之间的相互关联性。具体而言，供应链管理的核心构成主要包含三个紧密相连的要素：供应链网络结构、供应链业务流程以及供应链信息系统。这三个要素之间的关系如图 4-3 所示，它们共同构成了供应链管理的基石，确保供应链的高效运作和持续优化。

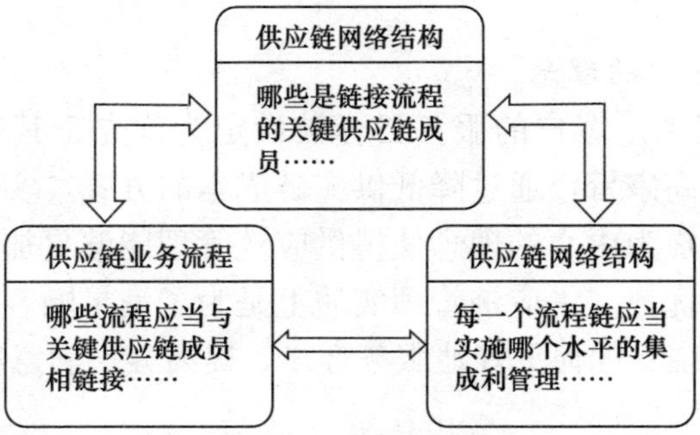

图 4-3　供应链管理内容框架

（一）供应链业务流程的深入解析

供应链业务流程是一系列精心设计和可度量的活动集合，旨在为市场生产或为客户提供特定产品。这一流程的核心关注点在于最终客户，以及产品流、信息流和资金流等关键要素的动态管理。为了实现成功的供应链管理，企业必须从管理独立实体的传统模式转变为在关键的供应链流程中集成和优化业务活动。

在传统的管理模式下，供应链上下游企业之间的信息传递往往是过时且零星的，企业作为不相关的实体进行互动。采购部门根据客户需求下发订单，这些订单周期性地提交给供应商，而供应商对销售点或客户使用情况的了解非常有限。这种模式下，一旦客户需求发生变化，整个供应链的反应速度往往无法跟上这些变化，导致了对通过集成来加速供应链流程运作的迫切需求。

运作一个集成的供应链需要连续的信息流，而信息流反过来又会帮助优化产品流。在这个过程中，客户是流程中最核心的元素。为了获得一个有效的客户核心系统，企业需要依赖于能够快速响应并准确处理信息的系统，这些系统能够不断跟随客户需求的波动而变化。有效供应链管理的关键在于对客户需求、生产流程和供应商运行中的不确定因素进行控制，并通过实施流程方法来优化产品流。

全球供应链论坛（GSCF）的成员已经识别出了多个关键的供应链流程，这些流程包括客户服务管理、产品开发和销售、订单实现、客户关系管理、采购、需求管理、生产流管理以及退货等。以下是对这些关键流程的详细阐述。

1．客户服务管理流程

客户服务是获取客户信息的主要源泉，并且已经成为调整产品和服务协议的重要手段。通过客户服务，企业可以为客户提供关于约定托运日期和产品可获得性的实时信息。对于客户服务部门来说，指导客户使用相关产品或服务是其不可推卸的责任。

2．产品开发和销售流程

新产品开发是企业生命的源泉。缩短产品开发周期将有助于企业成功推出恰当的产品，并赢得和保持竞争优势。为了缩短产品上市时间，客户和供应商必须被集成到产品开发流程中。在这个过程中，管理者需要注意以下三点：首先，要与客户关系管理流程相配合，以识别客户表达出和未表达出的需求；其次，要与采购流程相配合，以有效地挑选物质和供应商；最后，要与生产流管理流程相配合，以为产品与市场的联合集成出最好的供应链流程。

3．订单实现流程

供应链管理以满足客户需求为中心。在任何情况下，获得较高的订单实现率都是非常重要的。为了有效地运行订单实现流程，企业需要集成其生产、分销和运输计划，并与供应链的关键成员和运输商共同实施某种联盟，以满足客户需求并减少总体提供成本。这样做的目的是开发出一个从供应商到企业再到各类客户的贯穿整个供应链的无缝流程。

4．客户关系管理流程

通向集成供应链管理的第一步是识别各机构视为对业务任务起关键作用的主要客户或客户团体，并与其合作共同构建相关的产品和服务协议。此外，客户服务部门还应当与客户一道共同识别需求变化之源，并通过实施评估来分析客户服务水平和客户收益率。

5．采购流程

企业应根据多个标准（如对企业的贡献率、重要性程度等）对供应商进行分类，并与供应商一道制订战略计划以支持生产流管理流程和新产品的开发。对于跨国企业而言，应在全球范围内进行采购管理。与一组核心供应商建立长期的战略联盟将形成共赢的关系，使双方都能从中获利。在采购流程管理中，已经开发了快速通信机制，如电子数据交换（Electronic Data Interchange，EDI）与互联网的连接，可以快速传递需求信息，从而大大减少耗费在采购交易阶段上的时间和成本。

6．需求管理流程

基本存货包括工厂运作流程中的产品和运输途中从一点运向另一点的产品。库存变化依赖于流程、供货和需求中的变化。迄今为止，客户需求是影响库存变化的最大因素，这源自存在非规则的订单形式。客户订单形式的不规则变化使需求管理成为有效供应链管理的一个关键环节。需求管理流程必须平衡客户需求和企业供货能力（如试图确定客户何时会购买什么）。一个好的需求管理系统会利用销售点和“关键”客户数据来减小不确定性，并在供应链中提供有效的流通。营销需求和产品计划必须在全局范围内进行协调；例如一收到订单就开始在多个供货源和路径中进行选择。在高级应用中客户需求和产品生产率会同步运作以便全方位地管理存货。

7．生产流管理流程

在传统企业里产品通常只根据某个计划进度进行生产，这常常导致由于库存空间不够、过大的存货搬运成本、价格较低或产品的转运等原因而生产出大量过剩甚至无用的产品。在供应链管理中产品是根据客户的需求而生产的，因此生产流程必须灵活地与不断变化的市场需求相适应。这就要求企业能够敏捷地变动以适应批量客户定制的需求，并保证订单在最恰当的时间和最小的存货空间需求下得到实施。产品的优先度由所需供货日期决定，生产计划员与客户计划员应共同为每一个客户提供开发策略，努力缩短生产流程的周期并改善对客户的反应能力。

8．退货流程

管理退货的业务流程同样也能提供获得持续竞争优势的机会。有效的退货流程管理使产品改善和项目突破成为可能。退货流程管理涉及设备、零件、供应商、折价物等方面，在管理过程中人们常用将某个资产退回到可用状态所需的时间来测度，这对客户在产品有问题时能得到及时更换方面非常有用。此外，对于从生产场地报废的设备，一般根据资金回收的时间来测度其管理效果。

（二）供应链网络结构的深入解析

供应链网络结构是从初始供应商到最终客户之间所有企业的连接和互动方式。其复杂性和管理需求取决于多种因素，如产品的复杂程度、供应商的数量、原材料的获取方式以及产品的销售策略等。在进行供应链管理时，我们必须全面考虑供应链的长度、每一层次供应商和客户的数量，以及供应链成员的类型和角色。

供应链网络结构主要涉及两个核心方面：网络的结构尺度和供应链成员。以下是对这两个方面的详细阐述。

1．网络的结构尺度

在描述、分析和管理供应链时，人们通常采用四个关键的结构尺度来衡量网络特性。

（1）垂直结构。这一尺度关注的是在每一层中供应商和客户的数量。企业的垂直结构可能相对狭窄，即每一层只与少数企业进行连接；也可能相对宽广，即与众多供应商和客户建立联系。这种结构的宽窄直接影响到供应链的灵活性和风险分散能力。

（2）水平结构。这一尺度衡量的是供应链中成员的层次数量。供应链可能呈现出多层次、长形状的特点，也可能层次较少、形状较短。例如，水泥批发行业的供应链结构通常较短，从原材料的开采开始，经过加工和物流运输，最终用于建筑建设。

（3）交叉度。这一尺度考虑的是核心企业的供应链成员与竞争对手之间的连接关系。在现实中，一个核心企业的客户或供应商很可能也是其竞争对手的客户或供应商。因此，在进行供应链管理时，必须充分考虑到这种交叉关系的存在，以避免潜在的风险和冲突。

（4）供应链内核心企业的水平位置。这一尺度关注的是核心企业在供应链中的相对位置。它可能位于供应链的起始端，靠近原材料供应商；也可能位于供应链的末端，靠近最终客户；还可能位于供应链的中间位置。核心企业的位置对其在供应链中的影响力和控制力具有重要影响。

在企业实践中，这些结构变量可能以不同的组合形式出现。例如，一个企业的供应商网络可能相对狭窄而长，而客户网络则相对宽广而短。供应链结构的变化，如增加或减少供应商 / 客户的数量，将直接影响到供应链的整体性能和效率。此外，外包物流、生产、营销或产品开发等决策活动也可能改变供应链的结构，增加其长度和宽度，并影响核心企业在供应链中的位置。而交叉度则会随着市场变化和产品需求的波动而发生变化。

2. 识别供应链成员

在确定供应链网络结构时，必须明确哪些企业是供应链的成员。由于将所有类型的成员都纳入供应链将导致网络过于复杂，因此，在实际操作中需要筛选出对供应链成功具有决定性作用的成员。

供应链成员可以根据其在为最终客户提供价值活动中的作用进行分类。基本成员是指在特殊客户或市场的产品生产过程中实施增值活动（包括操作和管理）的自治企业或战略业务单元。而辅助成员则是指为供应链中的基本成员提供资源、知识、功能或资产的企业，如物流提供商、金融机构、仓库所有者等。

区分基本成员和辅助成员有助于简化管理活动，并更好地理解和把握供应链中的核心成员。这种区分方法类似于波特在其“价值链”框架中对基本活动和辅助活动的区分。通过正确认识基本成员和辅助成员，我们可以更准确地定义供应链中的源点和消费点。源点是指不再存在更上一级的基本供应商的地方，而所有对源点成员的供应商都仅仅是辅助成员。这种理解有助于我们更有效地管理和优化供应链网络结构。

（三）供应链信息系统的深度解析

供应链信息系统作为供应链管理内容框架的核心组成部分，其功能和现代化程度对于业务流程链的集成和管理水平起着决定性的作用。一个高效的供应链信息系统应当能够巧妙地将先进的信息技术，如数据仓库、联机分析处理、数据挖掘等，融入其解决方案之中。这样的系统不仅能够帮助供应链整合来自不同来源的市场、客户数据和业务、财务数据，还能根据行业的独特特点和需求，对这些多样化的媒体数据进行重组和统一管理，从而实现信息的最大化利用和价值创造。

供应链信息系统的功能应当全面而深入，涵盖供应链管理的各个关键环节。具体来说，这些功能包括：

1. 决策管理

这一功能依赖于强大的决策支持系统。通过系统的深入分析，决策者能够对供应链管理中的关键流程作出明智的决策，从而确保供应链的整体性能和竞争力。

2. 物品跟踪管理

借助信息系统的可视化客户界面，客户可以随时查看所需物品在整个供应链中的实时位置，并准确掌握获得物品所需的时间。这大大提高了供应链的透明度和客户满意度。

3. 客户关系管理

客户关系管理是在企业从内部运作效率向外部客户关系转移的过程中逐渐凸显其重要性的。企业采用客户关系管理作为解决方案的主要目的，并非是为解决企业内部的运作效率问题，而是为了更深入地了解、掌握和调整客户关系。通过这一功能，企业可以更加迅速、有效地提供客户服务，更准确地掌握客户动向及需求，并更实时地为客户提供适合的产品和服务。

4. 计划和控制管理

计划和控制是企业或供应链成功的关键要素。信息系统应能在更高层次上打破企业间的隔阂，确保企业之间能够充分交换信息和意见。通过共同对市场、产品、生产、库存等流程进行计划和控制管理，企业可以实现更加协同和高效的运营。

5. 采购管理

采购管理功能负责根据客户需求，及时购买原料并将其运送到指定地点。通过利用互联网技术，采购交易过程可以得到极大的简化，从而提高采购效率和准确性。

6．产品流结构管理

产品流结构是指供应链中采购、生产和分销的网络布局。由于存货在供应链中的必要性，以及库存未加工品或半成品的成本通常低于库存成品的成本，供应链成员间可能会库存不同比例的存货数量。信息系统对产品流结构的合理安排和协调对于优化供应链成本和提高成员间合作效率具有重要意义。

7．库存管理

库存管理功能涵盖原料、半成品和成品的全面管理。面对仓库中物品流动快、数量多、品种杂的挑战，信息系统应能利用先进的技术如条码技术来跟踪每个物品的行踪。通过优化设计，系统可以充分利用仓库的空间，提高取货准确率，缩短取货时间，并降低物品损坏率。

8．订单管理

订单管理系统在收到订单后，应能以最短的前置期提供物品。这要求订单管理与库存管理、生产流管理等其他功能模块紧密交互，以确保订单的快速处理和准确交付。

9．风险和奖励管理

在供应链中，风险和奖励的公开和共享对于供应链成员的长期合作具有重要影响。信息系统应对此进行持续监督，以确保风险和奖励的公平分配和有效管理。

10．财务管理

财务管理功能负责对现金、固定资产、采购和销售流程中的资金出入等与财务有关的所有活动进行全面管理。在这一方面，信息系统应具备高度的安全性，以确保财务数据的准确性和保密性。

11．机构结构管理

信息系统还应具备对机构人员、部门的职责和变化等进行全面管理的能力。有些部门的功能可以穿越机构边界，使机构管理从企业内部延伸到整个供应链网络。

总之，一个全面的供应链信息系统应当具备上述所有功能，并通过这些功能的协同作用，实现供应链的高效、协同和可持续发展。

第二节 集成化供应链管理

自20世纪90年代电子商务浪潮的兴起以来，集成供应链管理（Integrated Supply Chain Management，ISCM）作为管理学界的前沿课题，吸引了国内外众多专家学者的广泛关注与研究。这一管理模式的出现，不仅是对传统供应链管理模式的深刻变革，更是企业应对复杂多变市场环境的必然选择。

一、集成供应链管理系统的概念

供应链，这一由多个功能各异的链节紧密相连的复杂系统，每个链节都承载着实现供应链整体目标的重要使命。在理想状态下，这些链节应如同精密的齿轮般相互咬合，以协调一致的节奏共同推动供应链的高效运转。然而，在电子商务环境下，市场需求的瞬息万变与不确定性显著增强，给供应链的协调运作带来了前所未有的挑战。传统的供应链管理模式往往难以迅速适应这些变化，导致实际运作与计划之间的偏差日益扩大。

为应对这一挑战，集成供应链管理系统应运而生。该系统通过构建跨越供应链多个链节、功能及组织的协调机制，实现了对供应链计划调整的灵活应对与高效执行。在集成化供应链管理体系中，企业内部及节点企业之间的各项业务活动被视为一个有机整体，通过信息、现代制造及管理技术的深度融合，实现了对人、技术、经营管理三要素的集成优化。这一过程不仅促进了物料流、信息流及决策过程的顺畅流通与高效协同，还实现了企业内部供应链与外部供应链的无缝对接，从而达到了全局动态最优的目标。

值得注意的是，集成供应链管理系统的成功实施离不开其协调敏捷性与灵活性的不断提升。这种能力不仅决定了企业能否迅速响应市场变化，还直接关系到企业组织目标的实现程度。因此，在电子商务时代，敏捷管理与精益管理理论成为集成供应链管理系统研究的重要理论支撑。

二、集成供应链管理的目标与核心研究内容

优化供应链管理系统的功能，实现供应链各链节、各功能的最佳配合与协调，共同保障供应链总体目标的实现，是集成供应链管理系统研究的核心目标。围绕这一目标，集成供应链管理系统研究的内容涵盖了多个方面。

1．供应链需求与资源预测

通过先进的数据分析技术，精准预测市场需求及资源需求，为供应链决策提供有力支持。

2．供应链服务水平管理

不断提升供应链的服务水平，确保客户满意度与忠诚度，增强企业的市场竞争力。

3．供应链多层次计划

制订并实施涵盖战略、战术及运作等多个层次的供应链计划，确保供应链运作的连续性与稳定性。

4．供应链控制机制

建立健全的控制机制，对供应链运作过程中的各个环节进行实时监控与调整，确保供应链目标的实现。

5．供应链分析诊断与咨询

运用专业工具与方法，对供应链运作过程中的问题进行深入分析，并提供有效的解决方案与咨询建议。

6．供应链设计开发与改进

根据市场需求与企业战略要求，不断优化供应链设计，提升供应链运作效率与效益。

7．供应链计划执行与指挥协调

确保供应链计划的顺利执行，并通过有效的指挥协调机制，解决计划执行过程中出现的问题。

8．供应链效益衡量与竞争力分析

建立科学的效益衡量体系，对供应链运作的成效进行全面评估，并通过对供应链竞争力的深入分析，为企业的战略决策提供有力支持。

在集成供应链管理系统研究中，协调的敏捷性与灵活性问题始终是研究的重点与难点。为此，研究人员纷纷将目光投向了智能代理模块系统的构建。这些相互协作的智能代理模块不仅能够实现供应链的一项或多项职能，还能通过高效的信息交流与协调机制，共同应对供应链运作过程中的各种挑战。为了实现这一目标，必须建立与供应链各链节相配套的实时信息发布与传输系统、智能决策支持系统等基础设施。

从系统开发者的角度来看，集成供应链管理系统的构建应追求最少的代码设计、最迅捷的信息交流、最有效的协调机制以及最佳解决问题的机制。这不仅有助于降低系统开发成本与维护难度，还能显著提升系统的运行效率与响应速度。因此，在未来的研究中，如何进一步优化智能代理模块系统的构建与运行机制，将成为集成供应链管理系统研究的重要方向之一。

三、集成供应链管理的实施路径

企业在迈向集成化供应链管理的征途中，需经历一系列精心设计的阶段，这些阶段从基础稳固逐步提升至高度集成的动态联盟。每一阶段都伴随着组织结构的调整、管理焦点的转移、计划与控制系统的升级以及信息技术的深度融合，共同推动供应链管理的优化与革新，其步骤如图 4-4 所示。

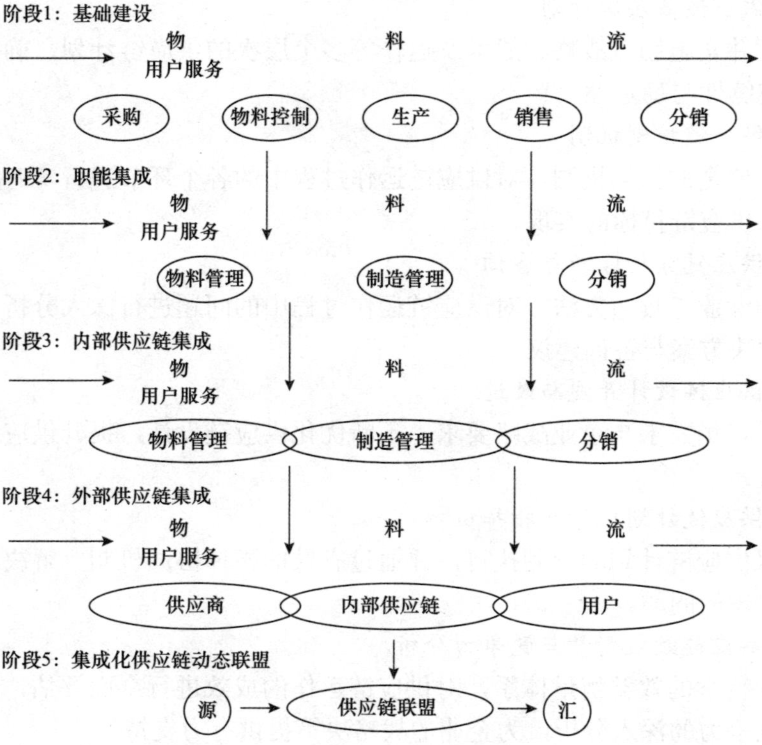

图 4-4 集成供应链管理实现的步骤

（一）阶段 1：基础建设

基础建设阶段是企业迈向集成化供应链管理的起点，其核心在于对现有供应链的全面审视与评估。这一阶段，企业需深入分析内部运营状况，识别阻碍供应链管理的内部因素与可利用的优势资源，同时密切关注外部市场环境的动态变化，把握市场特征与不确定性。基于此，企业着手完善供应链结构，为后续转型打下坚实基础。

1. 主要特征与挑战

（1）质量导向与成本困境。在此阶段，企业往往过于关注产品质量，导致生产成本居高不下。企业需在保证质量的同时，寻求成本效益的最佳平衡点。

（2）部门壁垒与协作缺失。传统企业职能部门间界限分明，各自为政，供应链中的销售、制造、计划、物料、采购等环节相互独立，缺乏有效协同，造成多级库存积压等问题。

（3）短期规划与效率瓶颈。企业多采用短期计划应对市场变化，缺乏长期战略视角，加之办公自动化水平有限，整体供应链效率低下，对市场需求变化的响应速度迟缓。

2．应对策略

（1）全面评估与规划。对企业供应链进行全面梳理，识别瓶颈与改进空间。

（2）跨部门沟通。加强部门间沟通与合作，促进信息共享与流程协同。

（3）技术引入。初步引入自动化办公系统，提升信息处理效率。

（二）阶段2：职能集成

进入职能集成阶段，企业将重心转向内部物流的优化与整合，通过业务流程重构与职能部门的优化集成，提升供应链的整体效能。此阶段，企业致力于构建交叉职能团队，打破部门壁垒，实现跨部门合作，共同应对用户需求的变化。

1．主要特征与发展

（1）用户导向与服务升级。随着市场竞争的加剧，用户需求成为企业关注的焦点。企业开始强调服务水平的提升，以满足用户多样化的需求，尽管这可能带来生产、运输、库存等成本的上升。

（2）物流与生产集成。分销与运输职能被整合到物流管理中，制造与采购职能则紧密集成于生产体系中，形成更为紧凑的供应链网络。

（3）内部协作加强。通过交叉职能团队的建立，部门间的协作与沟通得到显著加强，有助于更好地响应市场变化与用户需求。

2．技术支撑与挑战

（1）物料需求计划（MRP）系统。引入MRP系统以优化物料管理，提高库存周转率与生产效率。

（2）需求预测与控制。采用先进的预测技术与工具，提高需求预测的准确性，为供应链计划提供有力支持。

（3）集成度不足。尽管技术与业务流程得到一定程度的优化，但各系统、流程间的集成度仍显不足，库存积压与浪费问题仍待解决。

3．应对策略

（1）深化流程集成。加强各业务流程之间的衔接与集成，确保信息流通顺畅。

（2）提升预测精度。不断优化预测模型与算法，提高需求预测的准确性。

（3）库存管理优化。实施精益库存管理策略，减少库存积压与浪费。

通过基础建设与职能集成两个阶段的努力，企业逐步构建起适应市场需求、具备初步协同能力的供应链体系。这为后续向更高层次的集成化供应链管理迈进奠定了坚实的基础。

（三）阶段 3：内部供应链集成

在供应链管理的第三个阶段，企业致力于实现内部供应链的全面集成，并将这一集成扩展到与外部供应链的供应商和用户管理部分的紧密连接，从而构建一个高效协同的内部集成化供应链体系。这一集成的核心成果是形成了一套集成化的计划和控制系统，它为企业内部及与外部合作伙伴的协同作业提供了坚实的支撑。

为实现这一目标，企业主要依赖于供应链计划（SCP）和 ERP 系统这两种强大的信息技术工具。SCP 系统作为战略与运营之间的桥梁，集成了企业所有的关键计划和决策业务，从需求预测到库存计划，从资源配置到设备管理，再到基于能力约束的生产计划和作业计划，以及物料和能力计划、采购计划等，无一不涵盖其中。这种全面的集成确保了企业能够基于实时数据作出精准决策，优化资源配置，提升运营效率。

而 ERP 系统则聚焦于企业业务流程的自动化与集成化，将订单管理、财务管理、库存管理、生产制造管理、采购等核心职能紧密联结在一起，形成了一个高效运转的业务执行平台。通过 ERP 系统，企业能够实现对供应链各环节的实时监控与调整，确保各项业务流程的顺畅进行。

SCP 与 ERP 系统之间的无缝对接，依赖于基于事件的集成技术，这一技术能够实时捕获供应链中的关键事件，并将其转化为相应的计划与执行指令，从而实现供应链各环节之间的紧密协同。

在这一阶段，企业管理的核心聚焦于内部集成化供应链管理的效率提升。企业需要在优化资源与能力的基础上，不断探索以最低成本、最快速度生产高质量产品的途径，以满足市场与用户的多样化需求。对于生产多品种或提供多种服务的企业而言，这种效率导向的管理模式尤为重要。

为实现这一目标，企业需要构建全新的交叉职能业务流程，打破传统职能模块的界限，形成以客户需求和高质量预测信息为驱动力的供应链运作模式。这种模式下，企业能够更加灵活地应对市场变化，实现准时生产与快速响应，从而缩短市场反应时间、降低库存水平、减少资源浪费。

此外，企业还应考虑实施同步化的需求管理策略，将用户需求与制造计划和供应商物料流紧密同步起来，以减少不增值的业务环节，提升整体供应链的协同效率。同时，通过广泛的信息网络构建与供应商及用户的紧密联系，企业能够利用信息优势获得更大的市场竞争力和利润空间。

此阶段的供应链管理呈现出以下显著特征：一是强调战术层面的优化与调整而非长远的战略规划；二是编制并实施中期计划以支撑集成化的计划和控制

体系；三是追求效率最大化而非单纯的有效性提升；四是实现了从采购到分销的完整供应链的可见性；五是广泛运用EDI、互联网等信息技术手段加强与供应商及用户的联系与合作；六是注重与用户建立良好的合作伙伴关系而非简单的用户管理。

（四）阶段4：外部供应链集成

在供应链管理的第四个阶段，企业面临着更为复杂的挑战与机遇。这一阶段的核心任务是实现企业内部供应链与外部供应商和用户的全面集成，构建一个高度协同的集成化供应网链。这一目标的实现不仅依赖于企业内部管理的优化与提升，更需要企业与外部合作伙伴之间建立深厚的信任与合作关系。

为实现外部供应链的集成，企业首先要与主要供应商和用户建立稳固的供应链合作关系。这种关系超越了传统的买卖关系，成为一种基于共同利益与长远发展的战略合作伙伴关系。通过增进相互之间的了解与信任，企业能够与供应商和用户实现信息共享、风险共担、利益共赢的目标。

在战略伙伴关系管理的过程中，企业需要特别注重与供应商和用户的沟通与协作。这包括定期举行会议、共享市场信息、协同编制生产计划与策略等。同时，企业还应积极采用先进的供应链管理技术与方法，如供应商管理库存（VMI）和协同计划、预测与供给等，以进一步提升供应链的协同效率与响应速度。

为了满足不同用户的多样化需求，企业必须具备更高的生产系统柔性。这意味着企业需要根据用户的不同需求灵活调整生产策略与资源配置方案。例如，企业可以采用按订单生产（MTO）、按订单组装或包装（ATO或PTO）以及按库存生产（MTS）等多种生产模式相结合的方式来提高生产系统的灵活性与适应性。

此外，为了实现与外部供应链的紧密集成与协同作业，企业需要采用先进的信息技术手段来构建一个高效的信息共享与交互平台。这一平台应能够支持企业内部信息系统与外部供应链节点企业之间的无缝对接与数据交换，从而实现信息的实时共享与协同处理。

在本阶段，企业可以采用销售点（POS）驱动的同步化、集成化的计划和控制系统来进一步提升供应链的协同效率与响应速度。该系统能够集成用户订购数据、合作开发计划以及基于约束的动态供应计划、生产计划等功能于一体，确保整个供应链中的成员能够同步化地进行供应链管理活动。

（五）阶段5：集成化供应链动态联盟

完成前四阶段的集成后，形成了一个网络化的企业集群——供应链共同体，其战略重心在于市场主导地位的获取。面对日益激烈的竞争，供应链共同体将进化为动态的网络结构，以满足市场对敏捷性、速度、创新和知识的需求。任何无法适应供应链变革的企业，都将面临被联盟淘汰的命运。供应链由此转型为可迅速重组的动态联盟，企业通过互联网商务软件紧密联结，以顾客需求为导向，一旦需求消退，联盟随即解散。待新需求浮现，新的企业组合将再次集结，以满足市场。

在如此环境下，企业能否迅速响应市场，提供顾客所需的产品和服务，成为生死存亡的关键。集成化供应链动态联盟基于市场趋势和共同目标组建，依赖实时信息共享实现高效集成。信息技术，尤其是互联网集成，成为核心驱动力，同步化、扩展的供应链计划和控制系统则扮演着关键工具的角色。电子商务正逐步取代传统交易方式，成为供应链管理的必然趋势。

供应链中，各节点企业围绕为顾客创造最优价值的核心目标紧密合作，任何环节的疏漏都可能影响整体产品质量。电子商务催生的快速响应（QR）、高效客户响应（ECR）等策略，消弭了供应商与消费者之间的隔阂。在知识经济时代，信息超越人力和库存，成为提升生产力的关键要素。企业决策所需信息，更多源于电子商务平台，供应商通过 EDI 提前通知客户发货详情，使后者能适时调整库存。分销商将销售数据和预测信息反馈给供应商，助其优化计划与生产。

电子商务的应用，有效强化了供应链各环节的联系，不仅在供应商、制造商、分销商和消费者之间架起桥梁，还在企业内部促进了跨部门沟通。互联网增强了用户驱动机制，让消费者在获取产品的同时，也能接收相关信息，降低了加入供应链联盟的成本。电子商务与供应链管理的融合，构建了基于互联网的信息组织与集成新模式，进一步加速了供应链的数字化转型，提升了整体效能和市场响应速度。

集成化供应链动态联盟通过灵活重组，确保了供应链的持续优化和竞争力，使其能够在瞬息万变的市场环境中立于不败之地。

第三节　现代企业供应链设计的重要性与挑战

构建一个高效的供应链对于链上的每一位成员而言都至关重要。这样的供应链不仅能够有效减少不必要的损失和浪费，还能显著提升客户服务水平，降低运营成本，并为企业赢得竞争优势。每个企业都有必要运营或参与一个高效的供应链，因为这将为其带来诸多益处，包括提升用户服务水平、实现成本与服务之间的有效平衡、增强企业竞争力、提高灵活性、拓展新市场，以及通过降低库存水平来提升工作效率。然而，不恰当的供应链设计也可能导致资源浪费和企业运营失败。因此，确保供应链设计的正确性和有效性是至关重要的。

一、供应链设计的原则和策略

（一）供应链设计的核心原则与策略

在供应链的设计过程中，为了确保实现供应链管理的总体目标，我们必须遵循一系列基本而核心的设计原则。这些原则不仅指导着供应链构建的方向，还影响着供应链未来的运行效率和竞争力。

1．系统性原则

供应链设计是一个涉及多方面关系的复杂系统工程。在设计之初，我们需要全面考虑战略合作伙伴的选择、成员间的协同机制、共赢目标的实现方式，以及利益分配和成本分摊等具体问题。因此，在供应链设计中，我们还需要系统地研究市场竞争环境、供应链设计目标、企业现状及发展规划等战略性问题，以确保设计的全面性和前瞻性。

2．协作性原则

供应链业绩的好坏直接取决于供应链合作伙伴之间的关系是否和谐以及动态连接合作伙伴的柔性程度。因此，利用协作性原则建立战略合作伙伴关系的企业模型是实现供应链最佳效果的保证之一。只有充分发挥系统各成员和子系统的创造性、能动性及系统与环境的总体协调性，才能确保整体系统发挥出最佳的功能。

3．动态性原则

配合集优化原则，供应链需要具备一定的柔性，以适应不断变化的市场需求和不确定性活动。由于不确定性很容易导致供应链需求信息的扭曲，对供应链运作产生重大影响，因此，我们必须减少信息在传递过程中的失真和延迟，提高信息的透明性，并降低业务运行过程中可能产生的不必要的中间环节。同时，提高信息预测的时效性和精确性，以降低不确定因素所带来的影响，并迅速联合各类强企业，结成强强联合的供应链，以应对市场的动态变化。

4．发展原则

供应链并非一成不变。随着市场环境的变化、合作伙伴关系的调整和企业内部组织及其他因素的不可预测改变，原有的供应链可能会暴露出许多问题。因此，在设计供应链时，我们需要预留足够的调整空间，以确保供应链的活力和适应性。所设计的供应链应该是充满活力的，而不是死板、僵硬的，应该具有一定的自修补能力和自适应能力，能够随着市场环境的变化而自我优化、自我调整。

5．简洁性原则

简洁性原则是供应链设计的重要原则之一。为了保证供应链具有增值性最强、弹性灵活、快速响应市场的能力，供应链的每一个节点都应该具有简单、敏捷、活力及快速实现业务流程组合的特点。因此，在设计或改造供应链时，我们需要尽可能地减少无效作业，使用自动化设备处理可以自动化的作业，精简供应商和合作伙伴的选择，降低采购成本，并推行精益思想和准时生产的生产系统设计风格。

6．协调和互补原则

供应链是一个涉及众多成员和复杂供求关系的有机整体。在设计供应链时，我们需要强调供应链的优势互补和内部协调，以充分发挥各成员的创造性和主动性，形成一个和谐、团结和富有战斗力的竞争集体。同时，协调性还包括供应链系统与周围环境之间的协同，以确保供应链的整体运行效率。

7．创新性原则

供应链是一个价值链，产品从原材料到成品再到客户手中的全过程实际上是在价值系统中运行的，如图 4-5 所示。在供应链设计中，我们需要具备创新的眼光和思想，打破传统企业管理中的陈旧思维和常规，大胆开拓和创新，为供应链管理新格局打下良好的基础。特别是在管理技术飞跃发展和现代企业管理理论的环境下，供应链的设计更要强调创新性，以产生一个不同于过去的新模式下的供应链系统。

图 4-5　价值系统

8．集优化原则

在选择供应链上节点企业的过程中，核心企业应该按照强强联合的选择原则，实现最大限度地利用外部资源的目的。这使得每个节点企业都能集中精力发展核心业务，就像企业内部的一个独立作业单元。这些独立的单元化企业具有简单优化、自我组织、面向目标、动态联合、精力充沛、动态运行的特点，能够快速联合其他单元企业，有效反映客户需求，从而实现供应链业务的快速发展。

9．战略性原则

从供应链战略管理的角度来设计供应链，有助于确保供应链规划发展的预见性和长远性。同时，从核心企业战略发展的角度来设计供应链，能更好地建立稳定的供应链体系模型。总而言之，供应链系统结构的发展应在企业战略规划的指导下进行，并与企业的发展战略规划保持一致。因此，在设计供应链时，必须从战略性原则来考虑。

10．自上而下和自下而上相结合的设计原则

在设计供应链系统时，我们通常采用自上而下和自下而上相结合的综合设计方法。先由高层管理者从企业发展战略规划的角度来考虑，制定宏观的设计目标，再由下级实施部门从各个流程和操作环节出发，进行供应链流程的设计。在设计过程中，双方需要进行充分的沟通交流，对设计目标和设计细节做适当的调整，以确保设计的可行性和有效性。

11．客户中心原则

供应链是由众多有上下游关系的企业根据市场竞争的需要构建而成的。虽然供应链在成员组成及相互关系方面可以本着发展的原则进行动态的调整，但无论如何，都应自始至终地强调以客户为中心的供应链设计理念，如图 4-6 所示。供应链在运作过程中包括了新产品的开发与设计、原材料采购以及产品的制造、运送、仓储、销售等活动，这些由供应链上不同的成员做的事情都应围绕客户这个中心来展开。

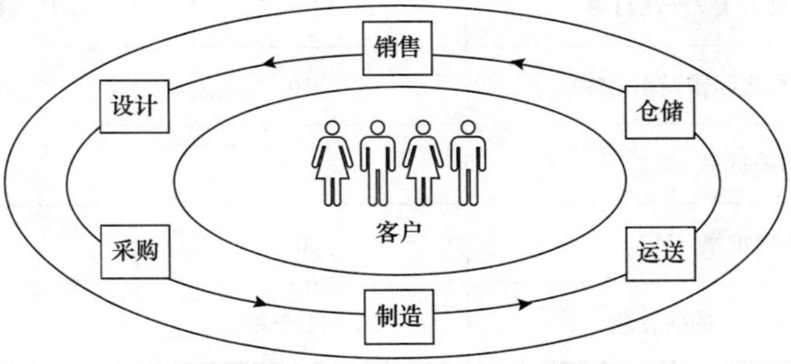

图 4-6　以客户为中心的供应链设计理念

（二）供应链设计的策略阐述

对于每一个生产制造企业而言，设计和运营一个高效的供应链都至关重要。一个优秀的供应链能够显著提升企业的竞争力，提高客户服务质量，增强企业的灵活性，帮助企业开拓新市场，实现成本与服务的有效平衡，并通过降低库存量来提高整体运营效率。然而，如果供应链设计不当，也可能导致资源浪费和企业运营的失败。因此，制定正确的供应链设计策略显得尤为重要。

供应链设计与管理的核心目标是降低成本、提升利润，而这一切的前提是确保产品在供应链中的流通顺畅无阻，并能迅速响应客户需求的变化。这实际上体现了一种以产品为中心的供应链设计思路。为了实现这一目标，我们首先需要深入分析产品类型和供应链的特性。

1．产品类型

在产品类型方面，不同的产品在供应链中的流通特性各异，对供应链的设计要求也各不相同。一般来说，产品可以分为两大类：功能性产品和革新性产

品。功能性产品主要满足用户的基本功能需求，其特点包括随时间变化不大、生命周期较长以及边际利润较低，日常用品通常属于这一类型。而革新性产品则增加了特殊功能，或在技术和外观上具有显著的创新性，其特点包括较高的边际利润、生命周期较短以及市场需求难以预测，如时尚品等。这两类产品在多个维度上存在显著差异，具体对比可见表 4-1。

表 4-1　两种类型供应链的比较

需求特征	功能性产品	革新性产品
需求预测	可预测	不可预测
产品生命周期（年）	＞2	1~3
边际贡献（%）	5~20	20~60
产品多样性（类 / 产品目录）	低（10~20）	高（数以千计）
预测的平均边际错误率（%）	10	40~100
平均缺货率（%）	1~2	10~40
季末降价率（%）	0	10~25
按订单生产的前置期	6~12 个月	1~14 天

2. 供应链类型

供应链具备两种核心功能：市场中介功能与物理功能。根据这两种功能的不同侧重点，我们可以将供应链划分为两种主要类型：反应性供应链和有效性供应链。

反应性供应链主要聚焦于供应链的市场中介功能，其核心在于如何迅速响应那些难以预测的市场需求。这种供应链类型强调灵活性和响应速度，以确保在市场需求发生变化时，能够快速调整并满足客户的需求。

而有效性供应链则主要关注供应链的物理功能，即如何高效地将原材料从供货方开始，沿着供应链上的各个节点进行转化，最终成为在制品、半成品和成品，并顺利送达需求方。这种供应链类型注重的是物流效率和生产效率，以确保产品能够以最低的成本、最短的时间到达客户手中。

这两种类型的供应链在功能、目标和运营策略上都存在显著的差异，具体比较可见表 4-2。

表 4-2 有效性供应链和反应性供应链的比较

比较项目	反应性供应链	有效性供应链
基本目标	对无法预测的需求作出尽可能快的反应，使缺货、降价、废弃最小化	以最低的成本供应可预测的需求
生产方面	配置富余的缓冲能力	保持较高的平均利用率
库存策略	配置零部件或成品的缓库存	实现高周转，保持整个链中库存最低
前置期	积极投资以始知前置期	在不增加成本的前提下压缩前置期
供应商选择依据	主要根据速度、灵活性和质量	主要根据成本和质量
产品设计策略	用模型设计以尽可能地减少产品差别	最大化绩效和最小化成本

3．基于产品的供应链设计策略

当了解产品和供应链的特性后，就可以设计与产品需求一致的供应链，不同产品理想的供应链战略的系统的表述，见表 4-3。

表 4-3 供应链设计与产品类型策略

供应链类型	功能性产品	革新性产品
有效性供应链	匹配	不匹配
反应性供应链	不匹配	匹配

4．以信息为中心的供应链设计策略阐述

在全球经济一体化的背景下，国界逐渐被打破，而互联网的发展则进一步推动了全球购物和网上商务的盛行。这一新形势为供应链的设计策略带来了新的机遇和挑战。在这种背景下，以信息为中心的供应链设计策略显得尤为重要。

信息在供应链管理中扮演着至关重要的角色。例如，掌握客户需求的变化信息是开发革新性产品的前提条件。在反应性供应链中，除了正常的信息沟通，供应链的上下游节点还需要在某种程度上实现信息共享，这样才能对用户需求的变化作出迅速而敏捷的反应。同时，信息化程度的高低也直接影响着供应链管理的现代化水平。这些因素共同促使以信息为中心的供应链设计成为必然趋势。

与物流相伴随的还有信息流，包括客户需求、生产能力、促销计划、交货计划、质量体系等多个方面。信息技术的发展极大地提高了信息流管理的效率和重要性，使以信息为中心的供应链设计策略得以实现。

在以信息为中心设计供应链时，我们应强调以下策略。

首先，我们需要通过高效的IT系统开发，以及信息分析能力的设计和最佳数据仓库解决方案的选择，来生产出能为整个供应链带来绩效和竞争优势的信息。这将有助于扩大信息共享的程度，减少供应链中不增值的环节，使供应链能够充分享受信息优势带来的利益。例如，通过有效的信息管理，我们可以促进产品流通的顺畅和满足客户需求的变化。

其次，我们应强调信息技术基础设施的建设和IT系统的开发。针对功能性或革新性产品，我们应分别开发不同的IT系统。对于既生产功能性产品又生产革新性产品的企业（更何况，革新性产品和功能性产品在一定条件下会发生互变），我们需要开发出集成的IT系统，以满足不同产品的需求。

再次，以信息为中心的供应链设计需要相当大的投资，特别是IT系统和一些应用软件。这些系统的开发周期长，而淘汰速度又非常快。因此，供应链设计者需要具备敏锐的战略目光和高度的责任感，以确保投资的回报和供应链的长期稳定发展。

最后，我们应强调通过信息分析和数据仓库解决供应链中的信息供应问题。在供应链运转中，包含着丰富的业务内容，如信息模型、报告、数据内容、公司基准等，均与信息有关。因此，在设计供应链时，我们需要为系统提供最佳的数据仓库方案，以有效地提取数据并支持信息分析活动的顺利进行。此外，我们还应为系统提供强大的信息分析能力，包括联机分析处理（OLAP）、数据挖掘（DM）等先进技术，以进一步提升供应链的信息化水平和管理效率。

5. 基于多代理的集成供应链设计策略探讨

随着信息技术的飞速发展，供应链已经不再是简单由人和组织组成的实体。相反，它已经演变成一个以信息处理为核心，以计算机网络为工具的人—信息—组织集成的超智能体。基于多代理集成的供应链模式是一种涵盖两个世界的三维集成模式，即实体世界的人－人、组织－组织集成和软件世界的信息集成（横向集成），以及实体与软件世界的人－机集成（纵向集成）。

动态建模是该策略的基本思想，如图4-7所示。它需要多种理论方法的支持，并遵循一个基本流程：多维系统分析、业务流程重构、建模、精简/集成、协调/控制。在这个过程中，并行工程的思想贯穿于始终，确保供应链的各个环节能够紧密协作，共同实现整体的最优化。这种基于多代理的集成供应链设计策略不仅提高了供应链的响应速度和灵活性，还进一步降低了运营成本，提升了企业的市场竞争力。

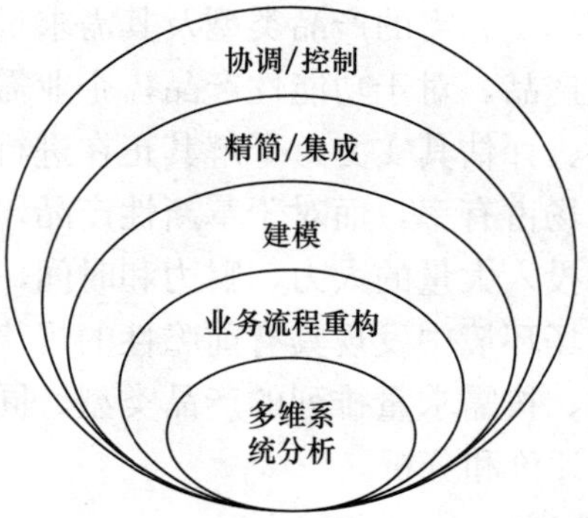

图 4-7　动态建模思想

二、供应链设计的步骤

供应链设计的步骤是一个系统而复杂的过程，它要求企业全面考虑市场环境、内部现状、技术可行性等多个方面，以确保最终设计出的供应链能够满足市场需求，提升企业竞争力，如图 4-8 所示。

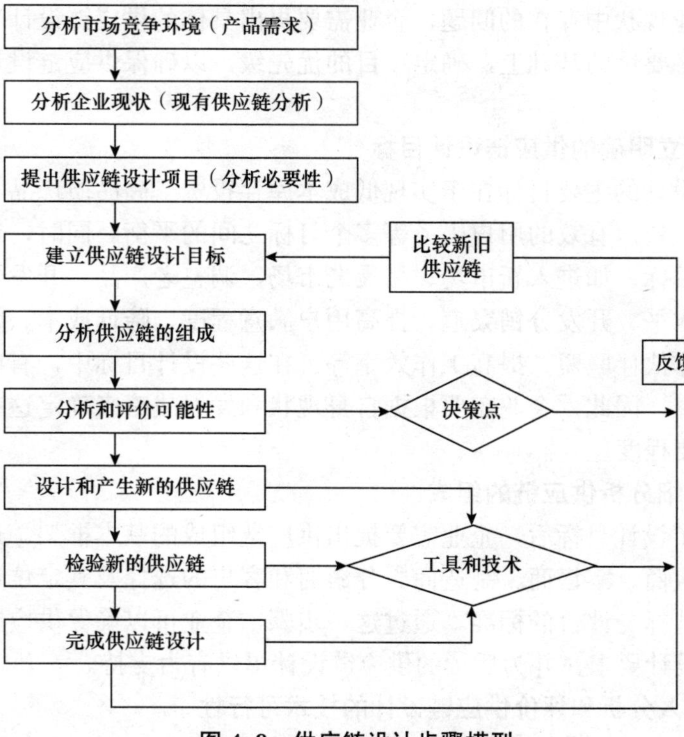

图 4-8　供应链设计步骤模型

（一）深入分析市场竞争环境

供应链设计的首要步骤是对市场竞争环境进行全面而深入的分析。这一步骤的目标在于明确市场上急需的产品类型及其需求量，进而决定企业应开发革新性产品还是功能性产品。对于功能性产品，企业需进行详尽的竞争对手分析，包括识别竞争对手、评估其实力、了解其正在进行的和计划中的活动，以及预测本产品未来的市场占有率。而对于革新性产品，则需重点关注客户需求和偏好。这一步骤需要投入大量的人力、财力和时间，并借助先进的数据处理软件，在复杂多变的市场环境中发现具有前瞻性的规律。分析的最终输出是按重要性排列的市场特征、按需求量排列的产品类型，同时对市场不确定性和需求变化趋势作出全面的评价和分析。

（二）全面评估企业现状

在明确了市场需求后，企业需要对自身现状进行全面而深入的评估。这一步骤的重点不在于评价现有供应链设计策略的适用性和重要性，而在于研究供应链开发的方向，归纳和分析企业存在的问题，以及识别影响供应链设计的主要阻力因素。通过这一步骤，企业可以为改进或提高供应链性能提供有力的决策支持。

（三）明确供应链设计项目

针对企业现状中存在的问题，企业需要提出具体的供应链设计项目。在分析这些项目必要性的基础上，确定项目的优先级，以确保供应链设计的针对性和有效性。

（四）建立明确的供应链设计目标

供应链设计的主要目标在于实现低成本库存投资、高品质产品、低单位成本费用投入、快速有效的用户服务等多个目标之间的平衡。同时，还需要实现一系列基本目标，如进入新市场、拓展老市场、调整老产品、开发新产品、改善售后服务水平、开发分销渠道、提高用户满意程度、降低成本、降低库存、建立战略合作伙伴联盟、提高工作效率等。在这些设计目标中，有些目标之间可能存在冲突，因此，企业需要根据自身现状和发展战略来确定这些目标的实现级次和重要程度。

（五）详细分析供应链的组成

在明确了设计目标后，企业需要提出供应链组成的基本框架。这一步骤主要包括对供应商、零售商、制造商、分销商和客户的选择及其定位进行深入分析，并明确选择与评价的标准。通过这一步骤，企业可以确保供应链的组成成员能够符合设计要求，并为后续的供应链设计提供有力支持。

（六）深入分析和评价供应链设计的技术可行性

这一步骤不仅是简单地罗列改进技术或某种设计策略，而是需要进一步开发供应链结构，实现供应链管理的首要和关键一步。企业需要在各种可行性分析的基础上，结合自身的实际情况和对产品和服务发展战略的要求，为开发供应链提供具体的方法、技术和工具选择支持。同时，这一步骤也是一个方案的分析决策过程。如果分析认为方案可行，那么就可以继续进行下一步的设计工作；如果方案不可行，则需要重新进行设计。

（七）具体设计和产生新的供应链

在设计供应链的过程中，企业需要解决一系列关键问题。这些问题包括供应链的成员结构选择和定位、生产工艺流程和生产计划的确定、产品销售能力和用户需求的分析、信息系统的设计以及原材料的采购等。通过针对这一步骤的详细设计和规划，企业可以确保新的供应链能够满足市场需求和企业发展战略要求。

（八）全面检验新的供应链

供应链设计完成后，企业需要通过一定的技术路线和方法对其进行全面的测试、试运行或检验。这一步骤的目的是确保新的供应链在实际运行中能够满足设计要求，并达到预期的效果。如果发现检验结果与设计方案不一致或存在其他问题，则需要返回之前的步骤重新进行设计和调整。只有当新的供应链通过全面检验并确认无误后，企业才能正式实施供应链管理并享受其带来的益处。

第四节　供应链管理中存在的问题及对策研究

一、供应链管理中存在的主要问题

在当前的经济环境下，供应链管理面临着诸多挑战，其中主要问题表现在以下四个方面。

（一）管理理念存在差异与冲突

供应链管理作为一种先进的管理模式，它强调的是供应链整体的集成与协调，要求各链接企业围绕物流、信息流、资金流以及业务流进行信息共享与经营协调，以实现柔性和稳定的供需关系。然而，许多企业长期受传统管理体制的束缚，这种根深蒂固的管理模式与市场经济以及与之相适应的现代管理手段存在显著的差异。当企业尝试实施供应链管理时，就必须对其管理流程、业务流程进行重组，这无疑给企业带来了一系列的变革挑战。这种管理理念的差异与冲突，往往导致企业在实施供应链管理时遇到重重困难。

（二）供应链管理的战略意识薄弱

由于企业对供应链管理的认识不足，缺乏战略意识，导致供应链表现出松散的特征。核心企业在管理供应链成员时缺乏制度化的手段，无法有效地整合和优化供应链资源。在市场竞争日益激烈的今天，企业之间的竞争实质上已经演变为供应链网络的竞争。核心企业的市场反应能力在很大程度上取决于其供应链成员的销售能力和供应能力。然而，由于核心企业缺乏供应链管理的战略意识，无法对供应链进行有效的战略规划和布局，这将严重制约整条供应链竞争力的提高。

（三）现行企业组织结构与业务流程的不合理

现行的企业组织结构是建立在传统管理模式下的，主要以职能专业化和劳动分工为基础。这种组织形式下的部门划分比较细，各部门的专业化程度比较高。然而，这种组织形式及其相伴的业务流程更适合于市场相对稳定的环境。在信息时代，市场环境变得越来越不确定，客户的要求也越来越多样化和多元化。同时，企业员工更加强调了自我实现，不仅追求规模经济效益，更加强调时间经济。在这种背景下，这种不完善的企业流程和僵硬的组织结构越来越难以使企业满足多方的要求，导致企业在市场竞争中处于不利地位。

（四）企业信息技术的滞后制约了供应链管理的发展

随着电子商务的快速发展，信息技术在供应链管理中的应用变得越来越重要。然而，国内企业信息技术的相对滞后，使得供应链管理中信息技术的含量偏低。供应链管理的基本出发点是通过共享信息和联合计划来实现协同运作的效益。然而，由于国内企业、物流、银行技术应用水平的不一致，造成目前并没有实现供应链管理所要求的信息流共享，以及资金流、物流与商流的对接。这表现为不同性质企业各自独立发展的技术孤岛现象，严重制约了供应链管理的发展和应用效果。

二、对策

（一）确立并深化供应链管理的先进理念

供应链管理作为一种新兴且富有创新性的管理技术和管理理念，其在实施和推广过程中，面临的最大挑战往往来自各组织内部传统观念和固有思维的冲击。这些传统观念可能包括对企业间合作的不信任、对信息共享的抵触情绪，以及对新管理模式适应能力的担忧。因此，观念的更新和转变成为实施供应链管理的关键环节。

为了克服这一挑战，企业必须积极建立并深化供应链管理的先进理念。这意味着企业需要从战略高度认识到供应链管理的重要性和必要性，将其视为提升企业竞争力的核心手段。同时，企业还需要培养员工的协作和合作精神，打破部门壁垒和“孤岛”现象，促进跨部门、跨企业的协同与合作。在这个过程中，企业需要明确自身的核心优势，并围绕这些优势构建供应链管理的战略框架和执行体系。通过这样一系列的努力，企业才能真正地将供应链管理的理念融入日常运营中，实现管理模式的创新和升级。

（二）充分发挥核心企业的作用，构建制度化的供应链管理体系

在当今复杂多变的商业环境中，核心企业作为供应链网络的灵魂与中枢，其角色与影响力越发凸显。它们不仅掌控着价值链与产业链的关键环节，更在推动产业升级、优化资源配置方面发挥着不可替代的作用。因此，充分发挥核心企业的引领作用，构建一套高效、协同且制度化的供应链管理体系，成为提升整体竞争力、促进可持续发展的关键路径。

1．强化核心企业的主导地位，引领供应链优化升级

核心企业凭借其技术、品牌、市场渠道等优势，在与上下游企业的合作中占据谈判的主动位置。作为供应链管理的核心驱动力，它们有责任也有能力引领整个供应链向更高效、更绿色、更智能的方向迈进。这要求核心企业不仅要关注自身的利益最大化，更要具备全局视野，通过优化供应链管理流程、提升信息透明度、加强资源共享，实现供应链各环节的紧密衔接与高效协同。

2．构建制度化的管理体系，确保供应链稳定运行

针对供应链普遍存在的松散性及管理手段不足的问题，核心企业应积极推动供应链管理的制度化建设。这包括建立健全供应链管理制度，明确各成员企业的职责与权利，制定统一的规范与标准；引入先进的供应链管理信息系统，实现供应链数据的实时共享与智能分析；完善供应商评价与激励机制，采用多维度、综合性的评价指标体系，确保供应商队伍的高质量与稳定性。通过这些措施，核心企业能够有效提升供应链管理的精细化水平，增强供应链的韧性与抗风险能力。

3．培育与引进供应链管理人才，为供应链发展注入新动能

人才是供应链管理的核心要素。核心企业应高度重视供应链管理人才的培养与引进工作，通过内部培训、外部招聘等方式，打造一支具备专业素养、创新能力与团队协作精神的管理团队。同时，加强与高校、研究机构等外部机构的合作与交流，共同探索供应链管理的最新理论与实践成果，为供应链的发展注入源源不断的创新动力。

4．建立战略联盟关系，实现供应链整体价值最大化

在制度化管理的基础上，核心企业应积极寻求与上下游企业的深度合作，建立基于共同利益与长远目标的战略联盟关系。通过共享资源、共担风险、协同创新等方式，实现供应链各环节的优势互补与互利共赢。这种紧密的战略联盟关系不仅能够提升供应链的整体竞争力与响应速度，还能够促进供应链成员之间的信任与合作氛围的形成，为供应链的长期稳定发展奠定坚实的基础。

总而言之，充分发挥核心企业的作用，构建制度化的供应链管理体系，是

推动供应链优化升级、实现可持续发展的必由之路。核心企业应积极承担起这一历史使命，以更加开放的心态、更加务实的行动，引领供应链向更加美好的未来迈进。

（三）重建企业的业务流程和组织结构

在当前全球化与数字化转型的双重浪潮下，我国企业面临着前所未有的市场挑战与机遇。传统的企业组织结构往往呈现出层级繁多、决策链条冗长的问题，这不仅限制了企业对市场变化的敏锐感知与快速响应能力，也制约了供应链管理效率的提升，进而影响了企业的整体竞争力。因此，深入推进企业业务流程的再造与组织结构的重塑，成为企业转型升级、实现可持续发展的关键一步。

1．业务流程与组织结构的深刻变革

为了构建更加灵活、高效的供应链管理体系，企业必须从根本上审视并调整其业务流程与组织结构。这一变革的核心在于打破传统的金字塔式管理结构，转而采用更加扁平化或网状化的组织形态。扁平化结构通过减少管理层级，加快决策速度，使信息能够迅速在各部门间流通，提高了企业的市场敏感度和响应速度。而网状结构则强调跨部门、跨地域的协同合作，鼓励员工之间的直接沟通与知识共享，从而激发出更多的创新火花与协同效应。

2．释放员工潜能，促进知识传播

在新型组织结构下，员工不再是被动的执行者，而是成为主动参与企业决策、贡献智慧的重要力量。这种转变不仅极大地激发了员工的创造力与积极性，也为企业的持续创新提供了源源不断的动力。同时，随着信息资源的开放共享与知识管理的深化应用，企业内部的知识传递与技能传承变得更加高效，有助于形成学习型组织，不断提升企业的核心竞争力。

3．绿色供应链管理的战略价值

在追求高效供应链管理的同时，企业还应积极融入绿色发展的理念，实施绿色供应链管理。这不仅是对社会责任的担当，更是企业转型升级、实现可持续发展的必然选择。绿色供应链管理通过采用环保材料、优化生产工艺、实施节能减排等措施，有效减少了对环境的污染与破坏，为企业树立了良好的绿色品牌形象和社会声誉。这种正面的品牌形象与声誉，不仅增强了消费者对企业的信任与忠诚度，还为企业赢得了更多的市场机会与竞争优势，助力企业在激烈的市场竞争中脱颖而出，实现市场份额的稳步增长。

综上所述，企业业务流程与组织结构的重建，不仅是应对市场变化、提升管理效率的必然要求，更是推动企业转型升级、实现绿色可持续发展的关键举措。通过这一系列的变革与创新，企业将能够构建起更加高效、灵活、绿色的供应链管理体系，为企业的长远发展奠定坚实的基础。

（四）提高供应链管理的信息化水平

在当今这个信息技术飞速发展的时代，供应链管理的信息化水平已成为衡量企业竞争力的重要指标之一。为了实现供应链的同步化与集成化生产计划，企业必须深化信息技术的融合应用，构建一个能够无缝对接内外部信息节点的信息平台。这一平台不仅促进了信息的实时共享与交互，还确保了各节点企业在操作层面上的高度协同与一致性，为供应链的流畅运作提供了坚实的支撑。

信息流的畅通无阻，对于企业在复杂多变的市场环境中保持敏捷反应至关重要。它如同供应链的神经系统，能够快速传递市场信号，引导资源优化配置，使企业能够精准捕捉商机，有效应对挑战。然而，当前国内供应链管理中仍存在“信息孤岛”现象，不同企业、物流服务商与金融机构之间的数据互联程度不高，线上化交易与融资流程尚待完善，信息标准化水平参差不齐。这些问题严重制约了供应链整体效率的提升与竞争力的增强。

为了突破这一瓶颈，企业亟须拥有更高水平的供应链管理软件，这些软件通常集成了先进的数据分析、云计算、物联网等技术，能够为企业提供全方位、多维度的信息管理解决方案。通过部署这些软件，企业可以建立起一套先进的信息系统，该系统不仅能够实现供应链各环节信息的全面采集、高效处理与智能分析，还能促进信息流的自动化流转与智能决策支持，极大地提升了供应链管理的精细化与智能化水平。

具体而言，高水平的供应链管理软件能够助力企业实现以下目标：一是增强供应链的透明度与可控性，通过实时监控与数据分析，及时发现并解决潜在问题；二是优化资源配置与生产计划，基于市场需求预测与库存状况分析，实现精准生产与库存管理；三是提升响应速度与服务水平，通过快速响应客户需求变化与供应链异常事件，增强客户满意度与忠诚度；四是降低运营成本与风险，通过信息共享与协同作业减少浪费与损失。

总之，提高供应链管理的信息化水平是企业应对市场挑战、提升竞争力的必经之路。通过采用先进的供应链管理软件与信息技术手段，企业可以构建起一个高效、智能、协同的供应链管理体系，为企业的长远发展奠定坚实的基础。

第五章　供应链物流信息与采购管理研究

第一节　供应链物流信息管理概述

本节将从物流信息的概念及其特性出发，深入探讨物流信息技术及其应用。同时，本节还将分析网络经济对供应链的驱动作用，并以此为背景，对供应链信息管理进行全面研究和介绍。

一、现代物流信息技术概述

（一）物流信息的定义与内涵

物流信息，作为反映物流领域各种活动状态与特征的关键要素，是对物流活动运动变化、相互作用、相互联系的全面而真实的反映。它不仅涵盖了知识、资料、情报、图像、数据、文件、语言和声音等多种形式，还伴随着从生产到消费的整个物流活动的产生与发展。物流信息与物流的各种活动，如运输、保管、装卸、包装及配送等，紧密地结合在一起，构成了整个物流活动顺利进行所不可或缺的条件。例如，运输活动需依据供需数量和运输条件等信息来确定合理的运输路线、选择恰当的运输工具、决定经济运送批量等；而装卸活动则需根据运送的数量、种类、到货方式以及包装情况等信息来确定合理的组织方式、装卸设备、装卸次序等。此外，物流信息还涉及物流活动与其他活动的相关情况，如商品交易信息、市场信息等，这些信息在物流活动的上下游之间流动，反映了生产厂家、批发商、零售商与消费者之间的关系，是它们实现协调一致、有效控制、快速响应市场的重要条件。

（二）物流信息的核心特点

1．广泛性与大量性

企业产品和资金的流动都会产生物流信息，其涉及的环节之多、范围之广，是各种企业管理活动中最为突出的。因此，物流信息源极为零散，信息量巨大。若企业未能实现管理的统一化或标准化，这些重要决策资源将因应用和调度上的不统一而失去效用。

2．时效性与更新速度

企业物流信息的动态性强，更新速度快，这意味着企业必须及时对这些信息进行加工、分析和整理，否则其利用价值将迅速衰减。为了有效利用这些信息，企业必须建立完善的物流信息管理系统和交流平台，以确保信息收集、加工、处理的及时性。

3．多样化来源

物流信息不仅包括企业内部的生产信息、库存信息等，还涵盖了企业与企业之间的交流合作、竞争对手市场信息等企业外部信息。从物流管理的角度看，企业的竞争优势主要体现在供应链与企业之间合作时的协调与配合程度上。

4．紧密的联系性

物流活动是多环节、多因素、多角色共同参与的过程，旨在实现产品从产地到销地的顺利移动。因此，该活动中产生的各种物流信息必然存在密切的联系。这种相互关联的特性是保证各物流子系统以及物流内部系统与外部系统相互协调运作的重要因素。

5．复杂性

物流信息的广泛性、联系性、多样性和动态性共同带来了其复杂性。在物流信息活动中，必须对不同来源、不同种类、不同时间和相互联系的物流信息进行反复研究和处理，才能得到具有实际应用价值的信息，以指导物流活动。这是一个极为复杂的过程。

（三）物流信息的重要价值

1．物流的核心功能

信息对物流具有天然且极为重要的影响。如果物流活动没有信息的支撑，那么整个物流系统运行的基本推动力也就不存在。物流信息的利用提高了整个物流活动运作的效率，具体体现在以下三个方面。

（1）保障运输效率与安全。在运输环节中，全球定位系统的应用为地面运输车辆和水运船只提供了精确定位，提供了可靠的交通信息和气象信息，确保了车辆、船只的运营效率和安全。同时，它还能对运输过程中使用的各种类型的运输工具进行优化组合，完成运输网络的编制，大幅度提高企业的运输效率。

（2）降低仓储成本，提升仓储效率。在货物保管环节中，物流管理信息系统使用了条形码信息技术，商品的出入库、库存保管、商品统计查询、托盘利用等所有保管作业实现了自动检测、自动操作和自动管理。这种自动化作业大幅度降低了企业产品的库存成本，提高了仓储效率。

（3）增强用户服务效率。在装卸搬运和包装环节中，由于物流管理信息系统使用了电子数据信息和条形码信息技术，实现了自动化装卸搬运、模块化单元包装、机械化分类分拣和电子化显示作业。这种自动化作业大幅度提高了装卸搬运和包装作业效率，加强了为用户服务的效率。

2．提升物流系统的整体效益

电子数据交换系统的使用，使运输、保管、装卸搬运、包装等各环节实现了数据的快速、批量传送，特别是各部门、各种运输工具、各种类型单位之间的横向数据交换。把物流的各个环节功能有效地衔接和整合起来，发挥了物流系统的整体和综合优势。

3．提升物流、商流、资金流的整体效益

互联网的应用充分利用了事务处理系统（TPS）、管理信息系统（MIS）、决策支持系统（DSS）、销售时点信息系统（POS）等信息系统，把生产企业、批发零售企业、供应商、分销商、物流企业、金融信贷企业等通过现代信息技术联系在一起，及时、准确、批量地交换有关数据。这使得商流、物流和资金流有机地连接起来，提升了整体效益，使生产、流通和消费能够协调一致，克服了横向阻隔，实现了良性循环，避免了大量浪费，提高了经济和社会效益。

（四）物流信息化的深入解析

1．物流信息化的定义与内涵

物流信息化是指物流企业以业务流程重组为基础，广泛使用现代物流信息技术，控制和集成企业物流活动的所有信息，实现企业内外信息资源共享和有效利用，以提高企业的经济效益和核心竞争力。当前，企业物流信息化程度的高低已经成为衡量现代化经营理念和经营手段的一个重要标志，也是现代物流企业市场核心竞争力的一个重要表现。

2．物流信息化的关键内容

（1）现代物流信息技术的广泛应用。这是物流信息化的基本内容和技术基础。如果物流信息技术发展不成熟，对其应用也未达到一定的普及化标准，那么我们也不能称其为物流信息化。现代物流信息技术以计算机技术为基础，同时信息处理技术、通信技术、互联网技术、条码（二维码）技术、电子数据交换技术、无线射频技术、地理信息系统、GPS、计算机快速反应技术、电子自动订货系统等也是物流信息化不可或缺的重要技术支持。

（2）物流过程的信息化。这是指建设以适应物流市场变化，可迅速、快捷、灵敏反应的物流信息系统，形成以物流市场为核心，使物流要素的资源信息化、数字化、自动化，实现物流活动过程的优化和高度集成的信息体系。这一体系主要体现在物流运输信息化、仓库存储的信息化、装卸搬运的信息化、包装设计的信息化、流通加工信息化、产品运输的信息化、商品销售的信息化以及企业信息处理的数字化等方面。

（3）物流管理信息化。物流管理工作是一项复杂的企业工作，是一个系统化的复杂工程，其主要功能包括生产组织、调度指挥、组织协调、管理控制等。物流管理信息化管理手段和管理方式的一次革命性转变，具有很多传统管理手段所不具备的优点，主要可以概括为以下五点。

1）提高管理效率。通过信息化的管理，企业彻底改善了物流管理工作费时费力的传统工作状况，运用现代化的技术手段大大提高了物流管理工作的效率。

2）增强物流管理的科学性。通过建立物流管理信息系统，物流计划制订得更加科学合理，更加切合实际，并具有前瞻性，能够帮助企业在复杂的市场竞争环境中最大限度地规避可以避免的风险。

3）优化组织职能。组织职能也将大大优化，更有效率。在物流信息化的管理模式下，企业可以改变传统的单向指挥（由上而下），而是建立起一种互动式管理体系（既包含自上而下，又包含自下而上），这样企业的指挥和调度能够得到及时反馈，使整个组织管理体系的职能运作方式得到优化。

（4）加强企业信息网络及网站建设。现代物流企业必须充分利用计算机网络开展物流业务活动，必须构建企业内部信息网络和建立企业网站，企业网要与外部互联互通，实现物流信息资源共享。同时，要加强企业信息资源的开发利用，根据企业的特点建立企业信息资源库，充分利用企业内外信息资源为企业管理和决策提供依据。

（5）重视信息管理机构的建立和人才培养。企业如果想要实现物流信息化，建立现代化的企业物流管理体系，首先应该建立相应的信息管理机构并配备相应的信息管理人才，这也是企业物流信息化的基本前提。物流企业首席信息官制度是现代物流企业最常见的一种管理手段，其基本着眼点在于培养自己的 CIO 人才并逐步完善企业物流管理体系。在这个过程中，要做好信息化基础工作，重视并加强企业信息化标准工作，建立与之配套的规范的信息管理制度，严格操作程序和规程，按信息化要求加强企业业务流程重组和优化。

3．物流信息化对企业发展的深远影响

（1）拓宽生存发展空间。物流信息技术在物流领域的广泛应用使物流市场和物流企业逐步实现信息化、数字化、网络化，有效、合理地配置使用各种资源。这方便了物流企业进入其他地区、其他行业或其他企业的市场，甚至冲出国门、走向全球，从而大大拓宽了物流企业的生存发展空间，有利于物流企业适应经济全球化的发展需要。

（2）有利于经营规模的扩张。在发展过程中，物流企业必然会经历市场逐步稳定、经营和发展空间扩大的过程。此时，企业往往寻求经营规模的扩张。但物流企业的扩张不同于普通企业的扩张，因为物流企业的扩张重点不单纯是生产能力的改造，而是将重点集中于商品渠道的拓展。这些经营领域的扩张带来组织成本、管理费用的急速增加以及组织管理控制能力的下降和经营风险的增加。因此，物流企业只有通过信息化、数字化、网络化才能缩短由于经营规模扩张所带来的空间距离、降低组织成本和管理费用，从而形成其竞争优势并提高其市场竞争实力。

（3）赢得时间竞争优势。物流信息技术的强大功能不仅可以在物流企业内加速物流信息的处理、存储、传递、使用和反馈，大大提高物流作业效率；而且可以整合企业间的不同信息系统，使物流供应链成员之间沟通信息更为方便、快捷，缩短了时间上的距离。这为物流企业建立了一个有效的快速反应系统，从而赢得时间上的竞争优势。

（4）为走向世界提供有利条件。物流企业要冲出国门、实现国际化经营，就必须以物流信息化作为信息交流平台。在国际物流条件下，企业的经营管理理念是准时管理、精益化管理和柔性化管理。而所有这些管理不仅需要现代技术的支持，而且还需要有一个信息化支撑平台。如准时管理就需要资金流、物流、信息流合而为一，需要能支持多功能集成的网络与物流信息化平台。现代物流是当代计算机技术与物流信息技术的运用，是先进物流思想的真实体现。

二、信息技术在供应链物流管理中的核心作用

现代供应链物流管理高度依赖于信息技术的支撑，信息技术构成了供应链物流信息全生命周期——收集、整理、分析、发布与共享——的基石。没有信息技术的赋能，供应链物流管理的高效运作将无从谈起。近年来，信息技术的飞速发展和应用成本的持续下降，极大地推动了物流行业信息技术应用水平的提升，不仅显著提高了物流运作的效率，还增强了物流企业的市场竞争力，引领传统物流业向更加智能化、高效化的方向转型。

（一）条形码技术：自动识别领域的领航者

在供应链物流管理的日常运营中，原始数据的采集是一项基础且繁重的工作。在信息技术应用之前，这一工作几乎完全依赖于人工操作，不仅效率低下且成本高昂，更伴随着较高的错误率，难以满足现代物流管理对数据准确性和时效性的严格要求。因此，原始数据的自动化采集成为物流信息系统现代化建设的重中之重。

自动识别技术以其独特的优势脱颖而出，它摒弃了传统的人工键盘输入方式，通过一系列自动化流程，将数据直接输入到指定的数据处理系统中。在这一技术框架下，条形码技术因其便捷性、广泛性和高可靠性，成为销售信息系统（POS）、库存管理、分拣作业等现代物流活动管理系统中最早被采用且应用较为广泛的技术之一。

条形码技术通过将数据编码为光学可读的符号形式，结合先进的印刷技术生成易于机器识别的标识。扫描设备能够快速捕捉这些符号的图像，并通过解码器将其转化为计算机可处理的数据，进而实现数据的校验与存储。条形码以其独特的编码结构和读取机制，能够高效、准确地传递商品编号、名称、产地、价格等关键信息，成为全球商品流通领域通用的语言。

作为计算机技术应用实践的产物，条形码技术不仅提供了一种快速、精确、低成本的数据采集手段，还为实现各行各业的自动化管理奠定了坚实的基础。在现代物流系统管理中，条形码技术更是不可或缺的技术保障，它极大地简化了物流作业流程，提高了作业效率，降低了人为错误率，为物流企业的智能化转型提供了强有力的支持。

（二）射频识别技术（RFID）深度解析

1. 无线射频技术的基本概念

射频识别技术（Radio Frequency Identification，RFID）根植于电磁理论，其核心在于利用无线电波实现对信息存储媒介的非接触式读写操作。RFID 技术突破了传统识别手段的空间限制，拥有更远的识别距离，且不受视线障碍的影响。此外，部分 RFID 标签还具备智能功能，能够携带大量数据，且难以被伪造，进一步增强了其安全性和实用性。

2. 射频识别系统的关键组件

射频识别系统是一个复杂而精密的体系，其构成依据具体应用场景和需求而异。但从根本上讲，该系统主要由以下四大核心组件构成。

（1）标签（Tag）。作为 RFID 系统的信号发射端，标签扮演着信息载体的角色。它们类似于条形码系统中的条形码，但功能更为强大。标签内置线圈、天线、存储器及控制系统，能够主动或在外界触发下发射存储的信息。这些低电耗的集成电路设计，确保了标签在长时间内的稳定工作。

（2）阅读器（Reader）。阅读器是 RFID 系统的信号接收与处理中心，负责接收来自标签的无线电波信号，并将其转换为计算机可识别的数据。阅读器的复杂程度取决于其支持的标签类型及需完成的功能，如信号状态控制、错误校验与更正等。阅读器是连接物理世界与数字世界的桥梁，使得 RFID 技术得以广泛应用于各种场景。

（3）编程器。对于支持读写功能的 RFID 标签系统而言，编程器是不可或缺的设备。它负责向标签写入数据，这些数据可以在标签被应用之前预先写入，也可以在应用过程中实时更新。编程器的使用方式分为离线（off-line）和在线（on-line）两种，前者适用于预先规划的场景，后者则更适合动态变化的环境。

（4）天线。天线是 RFID 系统中负责信号传输的关键部件。它既是标签发射信号的出口，也是阅读器接收信号的入口。天线的形状、尺寸及相对位置对信号传输效果有着至关重要的影响。因此，在 RFID 系统设计中，天线的选择与布局需要经过专业人员的精心规划与优化。

（三）EDI 技术深度剖析

1. EDI 技术核心概念

EDI 技术诞生于 20 世纪 70 年代，它是现代计算机技术与远程通信技术融合的产物，旨在实现企业间标准化、自动化、高效化的信息交换。历经数十年的发展，EDI 已成为国际贸易及商业合作中不可或缺的电子化贸易工具。通过电子数据网络，EDI 能够将遵循特定标准和格式的贸易信息在交易双方的计算机系统间自动传输与处理，极大地促进了全球贸易的便捷性与效率。

深入理解 EDI，需把握以下几个关键点：首先，EDI 的使用主体限于企业间的商品交易双方，而非企业内部文件传递；其次，交换的信息必须遵循统一的报文标准，如联合国 UN/EDIFACT 标准；再次，交易双方需配备相应的计算机或管理信息系统，以确保信息的发送、接收与处理；最后，信息传输依赖于双方计算机间的网络通信系统，整个过程由计算机自动完成，无须人工干预。

2. EDI 在物流领域的广泛应用

在物流系统中，EDI 技术展现出了其无可比拟的优势。不同于传统的邮件、快递或传真方式，EDI 通过电子技术，以加密、解密及特定标准形式传输信息，实现了企业间单证往来的全面电子化。从零售商到批发商、制造商、运输商直至配送中心，物流链条上的各个环节均可通过 EDI 实现高效的信息沟通与协作。

物流信息涵盖了物料供应、生产状态、库存控制、运输装卸及新订货等实时数据。在这一复杂的信息流动过程中，EDI 不仅促进了物流企业与供应商、金融机构、承运人及顾客之间的信息畅通，还优化了物流企业内部计划的执行与控制。通过 EDI，物流企业能够快速响应市场需求，提升服务质量，减少纸质作业，增强沟通效率，同时降低成本，缩短交易周期，降低不确定性，从而全面增强企业的市场竞争力。因此，EDI 无疑是物流系统信息集成不可或缺的重要工具。

（四）EOS 与 POS 技术：现代零售与物流管理的基石

1. 电子订货系统（EOS）

电子自动订货系统（Electronic Ordering System，EOS）是现代电子商务物流技术的杰出代表，它通过通信网络（如 VAN 或互联网）和终端设备，实现了企业间订货作业的在线实时连接与信息系统交换。EOS 不仅集成了众多先进的管理策略，还在企业物流管理体系中占据了核心地位。

相较于传统的上门、邮寄、电话或传真订货方式，EOS 显著缩短了订单处理周期和商品交货期，大幅降低了订单错误率，从而有效控制了成本。这一系统通过优化库存管理和加速信息流通，有效减少了企业库存积压，提升了库存周转率，确保了物流各环节间的无缝对接与高效协同。

EOS 系统运作的核心流程涵盖从零售终端到批发商的无缝对接：零售企业通过条形码阅读器捕获商品信息，输入订货需求，并通过增值网络迅速传递给批发商；批发商据此开具提货传票、拣货单并完成发货；随后，送货传票转化为双方财务结算的依据；最终，零售商验收商品并上架销售，整个流程高效顺畅。

2．销售时点系统（POS）

销售时点信息系统（Point of Sale，POS）则是另一项革命性的技术，它通过自动读取设备（如收银机）在商品销售瞬间捕获详尽的销售信息，如商品名称、价格、销售量、时间、销售企业及顾客资料等，并即时通过通信网络传输至后台系统进行深度分析，以提升企业运营效率。

POS 系统由前台与后台两大子系统构成，前台系统负责销售现场的自动化作业与信息实时传输，而后台管理信息系统（MIS）则整合所有销售数据，进行深度分析，为企业经营决策提供有力支持。这一系统不仅实现了商品、员工与客户的精细化管理，还通过销售时点的即时信息反馈，紧密连接供应链各环节，成为物流信息系统管理的关键节点。

在实际应用中，POS 系统将现金收款机作为终端，与计算机紧密联结，通过光电扫描设备快速录入商品信息。每当商品经过结算台，其条形码信息即被系统自动捕获，并与数据库中的商品详情匹配，完成交易处理与数据记录。此外，系统还定期更新零售商店的商品条形码与价格数据，确保信息的实时性与准确性。

（五）GPS 与 GIS 技术：物流领域的精准导航与智能决策工具

1．全球定位系统（GPS）

全球定位系统（GPS），这一融合了尖端卫星技术与无线通信技术的导航系统，以其全天候、全球覆盖及高精度特性，成为了物流领域不可或缺的强大工具。它能够实时、不间断地为全球范围内的陆上、海上及空中目标提供精确的三维定位、速度测量及时间同步服务，为物流运输的每一个环节提供了前所未有的透明度与可控性。

（1）GPS 的深度解析。GPS 作为美国第二代卫星导航系统的杰出代表，其构成精妙而复杂，主要由空间卫星群、地面监控网络及客户接收机三大部分协同工作。地面监控网络，这一 GPS 的“神经中枢”，包括一个主控中心（位于范登堡空军基地，负责全面协调与控制）、三个注入站（负责向卫星发送数据更新）以及五个遍布全球的监控站（装备有高精度GPS接收机、原子钟及气象传感器，负责收集卫星观测数据并上传至主控中心）。这些组成部分紧密配合，确保了GPS能够持续稳定地为用户提供精准定位服务。

（2）GPS在货物跟踪管理中的创新应用。在物流运输领域，GPS技术的应用极大地提升了货物跟踪管理的效率与精度。通过集成条形码扫描技术与计算机通信网络，物流企业能够实时捕获货物从发货到送达全过程中的关键信息，如货物种类、数量、在途状态、预计交货时间、起止地点以及承运车辆与人员等。这些信息被即时传输至企业的中央数据处理中心，形成了详尽的物流追踪数据库。用户只需轻点鼠标，即可在电子地图上直观查看任何一批货物的实时位置与状态，实现了对物流运输全过程的精准掌控。

（3）GPS的物流功能全面拓展。GPS在物流领域的功能远不止于简单的定位追踪。其强大的实时监控能力，使调度人员能够随时掌握运输工具的精确位置与行驶速度，为动态调度提供了坚实的数据基础。通过GSM等无线通信手段，GPS还支持双向语音通话与文字消息传递，实现了调度中心与驾驶员之间的即时通信，进一步提升了物流运输的灵活性与响应速度。此外，GPS还具备数据存储与分析功能，能够为企业规划最优运输路线、评估运输效率及预测潜在风险提供有力支持。通过对历史数据的深度挖掘与分析，物流企业可以不断优化运输策略，降低成本，提升整体竞争力。

综上所述，GPS技术以其卓越的性能与广泛的应用前景，正逐步成为物流领域不可或缺的重要工具，推动着物流运输向更加智能化、高效化的方向发展。

2．地理信息系统（GIS）

地理信息系统（Geographic Information System，GIS），作为20世纪60年代兴起的地理学研究领域的璀璨明珠，是科技进步与多学科融合的结晶。GIS不仅是一个技术平台，更是连接数据、空间分析与决策支持的桥梁，它集成了数据采集、精准输入、灵活编辑、高效存储、综合管理、深度空间分析、便捷查询、直观输出与动态显示等多元化功能，为各行各业的用户提供了预测未来趋势、实时监测变化、科学规划布局及制定高效决策的强大支撑。

在具体应用领域，GIS展现出了其无可替代的价值：

（1）精准定位。GIS能够迅速锁定研究对象的具体位置，描绘其周边环境，并清晰展现各对象间的空间关系，为地理空间布局提供直观依据。

（2）条件筛选。通过设定特定的经济地理条件，GIS能够筛选出符合特定业务需求的区域，为项目选址、资源分配等提供科学依据。

（3）趋势分析。GIS能够追溯研究对象的历史变化轨迹，预测其未来发展趋势，为制定政策、战略规划提供前瞻性指导。

（4）模式识别。GIS 强大的空间分析能力使得识别研究对象的空间分布模式成为可能，为区域规划、资源配置提供数据支持。

（5）模拟预测。在假设条件下，GIS 能够模拟研究对象的变化情况，评估不同方案可能带来的结果，为决策提供多种选择方案。

尤为值得一提的是，GIS 通过地图这一直观形式展现数据，将空间要素与属性信息深度融合，极大地扩展了信息表达与应用范围。专题地图的制作不仅超越了传统数据库的功能界限，更通过空间查询与分析，为政策制定与决策过程提供了坚实的科学依据。

在物流领域，GIS 的应用更是展现了其独特的魅力。它不仅是一种信息查询工具，更是一种挖掘信息模式、优化物流流程的智慧引擎。通过集成车辆路线模型、最短路径模型、网络物流模型、分配集合模型及设施定位模型等先进算法，GIS 能够帮助企业合理规划物流路线、优化仓储布局、科学调配运输资源，从而显著提升物流效率与经济效益。

以联想集团为例，作为中国 IT 行业的领军企业，联想深知高效物流系统对于企业发展的重要性。自 1996 年以来，联想凭借持续领先的市场销量与不断完善的信息系统建设，成功构建了以信息流驱动物流的高效运营体系。这一体系不仅为联想带来了显著的经济效益，更成为行业内外竞相学习的典范。通过对 GIS 技术的深度应用，联想在物流领域的每一步都更加精准、高效，为企业的持续快速发展奠定了坚实的基础。

三、信息技术在供应链管理中的应用

信息技术在供应链管理中的全面应用，其核心价值体现在两个核心维度：一是信息功能对供应链流程的优化与促进［涵盖互联网的广泛应用、多媒体技术的融合、EDI 的高效实施、CAD/CAM（计算机辅助设计与制造）技术的精准运用，以及 ISDN（综合业务数字网）等通信技术的支持］。二是信息技术基础设施对供应链管理效率的直接提升［如 CD-ROM 存储技术、ATM（异步传输模式）网络的高效传输，以及光纤通信技术的超高速传输能力］，特别是最新 IT 技术（如多媒体互动、高级图像处理、智能专家系统等）的引入，极大地减少了供应链运作中的非增值活动，促进了整体效率的提升。

根据信息技术在供应链管理主要领域的应用，可以归纳出如图 5-1 所示的应用领域。

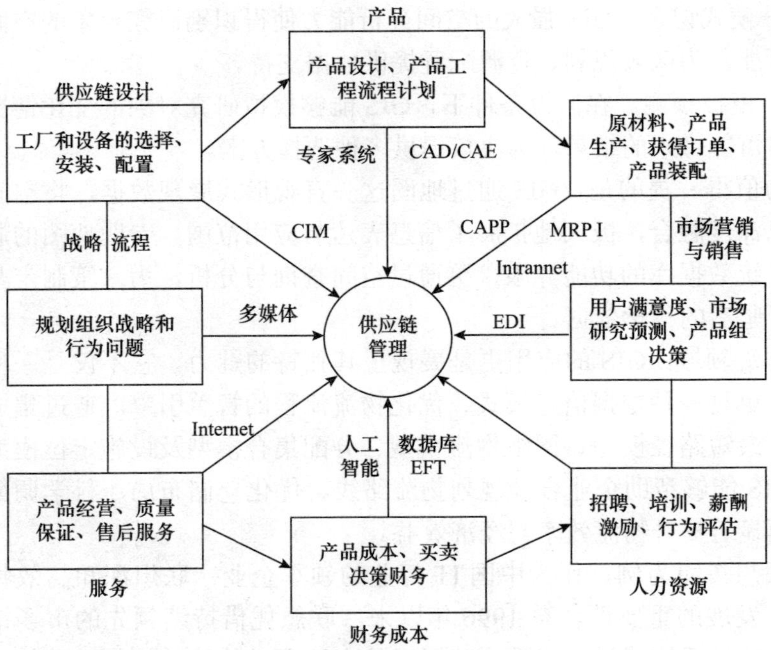

图 5-1 信息技术在供应链物流管理中的应用

从图 5-1 中可以看出，供应链管理涉及的主要领域有产品、生产、财务与成本、市场营销 / 销售、策略流程、支持服务、人力资源等多个方面，通过采用不同的信息技术，可以提高这些领域的运作绩效。

（一）EDI 在供应链管理中的核心地位

在供应链管理的广阔舞台上，EDI（电子数据交换）无疑扮演着举足轻重的角色，尤其是在跨国界贸易中，其重要性更是不言而喻。作为计算机间无缝沟通的桥梁，EDI 凭借统一的标准，实现了业务数据的高效、准确传输，尤其是采购订单的即时传递，极大地简化了交易流程。尽管 EDI 的部署与维护成本较高，但随着技术进步，如先进软件包的推出和远程通信技术的革新，其应用门槛逐渐降低，变得更加普及。EDI 不仅打破了部门壁垒，促进了信息的自由流通，还显著减少了重复劳动和非增值作业，为供应链管理注入了新的活力。在采购、付款、预测等多个环节，EDI 的应用均展现出其独特优势，不仅提升了数据交换的效率，还确保了产品和服务的高品质交付。

（二）会计业务的信息化升级

会计，这一企业管理的核心领域，同样在信息技术的推动下实现了质的飞跃。从产品成本核算到投资决策，计算机信息系统通过在线成本信息系统和数据库技术，实现了财务数据的集中管理与高效处理。技术分析专家系统（ESTA）与财务专家系统的引入，更是将智能化决策推向了新的高度。特别是 AI 与神经网络技术的融合，让企业在面对复杂多变的财务问题时，能够作出更加精准、快速的判断。而 EDI 与电子资金转账（EFT）的应用，则进一步增强了供应链资金流的安全性与流动性，为企业发展提供了坚实的资金保障。

（三）生产过程的智能化改造

面对生产过程中海量的复杂信息，企业迫切需要引入高效的信息处理手段。MRPⅡ（制造资源计划）、JIT（准时制生产）、CIM（计算机集成制造）等先进技术的应用，为企业提供了强大的生产管理能力。它们不仅解决了生产中的诸多难题，还提升了生产线的灵活性与响应速度，确保了供应链的稳定运行。通过这些技术的赋能，企业能够更好地应对市场变化，实现生产与销售的紧密衔接。

（四）客户服务与信息技术的新融合

在客户服务领域，信息技术的力量同样不可忽视。通过信息共享平台的搭建，企业之间的合作更加紧密，服务水平显著提升。同时，各种新兴网络技术的应用，如云计算、大数据等，进一步改善了企业间的信息交互体验。信息自动化系统的广泛应用，不仅提高了分销、后勤、运输等环节的工作效率，还大幅减少了纸质文件的使用，降低了成本，提升了用户满意度。

（五）供应链设计的科技赋能

在供应链设计阶段，CIM、CAD、互联网、电子邮件及专家支持系统等技术的运用，为企业提供了强大的设计工具与决策支持。它们不仅有助于供应链节点企业的精准选择与定位，还优化了资源配置与设备布局。而决策支持系统（DSS）的引入，更是为企业决策提供了科学、及时的数据支持，确保了决策的正确性与高效性。

（六）人力资源管理的科技创新

在人力资源管理方面，人类行为工程（HPE）的兴起为企业带来了新的管理思路。通过 HPE 的应用，企业能够更有效地组织、开发与激励人力资源。在工作设计、培训、组织重构等关键领域，HPE 的引入显著提升了人力效率与团队协作能力。同时，多媒体、CAD/CAM 及互联网等技术的融入，也为员工之间的沟通与合作提供了更多便利，有效缓解了工作压力，增强了企业的凝聚力与向心力。

四、网络经济对供应链管理的驱动作用

网络经济，这一基于信息技术迅猛发展的新型经济模式，正以前所未有的速度改变着全球经济格局与商业运作方式。它不仅是电子商务蓬勃发展的基石，更是通过信息流、资金流、物流三大核心要素的深度融合，构建了一个高

效、便捷、全球化的经济活动网络。随着网络经济的日益成熟与广泛渗透，供应链管理作为连接生产、流通、消费的关键环节，其体系与模式也迎来了深刻的变革与升级。

在网络经济的浪潮下，供应链管理正逐步迈向全球化、信息化、一体化的新高度。借助互联网及其衍生技术，供应链中的各节点企业得以跨越地理界限，实现信息的即时共享与无缝对接。这种前所未有的连接能力，极大地增强了供应链的整体协同效率，降低了运营成本，拓展了企业的盈利空间。同时，网络经济的繁荣还为企业提供了更为广阔的市场视野，使得企业能够迅速响应市场变化，精准定位客户需求，从而在激烈的市场竞争中占据有利地位。

具体而言，网络经济对供应链管理的驱动作用体现在以下四个维度。

1. 交易模式的革新

网络经济打破了传统交易模式的时空限制，通过电脑与网络的广泛应用，企业与其客户之间的交易活动变得更加便捷高效。无论是产品销售、客户服务还是售后支持，都能在网络平台上实现快速响应与精准对接，为企业创造了更多的商业机会与价值。

2. 市场拓展的深化

在网络经济的推动下，企业能够轻松跨越地域界限，将市场触角延伸至全球各地。这种市场扩展的广度与深度，不仅帮助企业吸引了更多的潜在客户，还促进了企业与全球市场的深度融合，为企业的长远发展奠定了坚实基础。

3. 企业合作的强化

网络经济促进了企业间合作模式的创新与发展。通过电子会议、EDI 等现代信息技术手段，企业能够实现业务流程的无缝集成，从生产、采购、库存到销售、财务、人力资源等各个环节都能实现紧密协作与高效协同。这种合作模式不仅提高了供应链的运作效率，还增强了供应链的稳定性与抗风险能力。

4. 管理手段的现代化

在供应链管理中，企业可以灵活运用 E-mail、电子营销、数字财务技术等现代化信息管理手段，实现对供应链各环节的精准管控与高效调度。这些手段的运用不仅提升了企业的管理效率与决策能力，还为企业与供应商、分销商、客户等合作伙伴之间建立了更加快速、便捷、精确的电子化联络方式，促进了信息共享与协同决策。

总之，网络经济以其独特的优势与潜力，正深刻驱动着供应链管理的变革与发展。在未来的发展中，随着网络经济的不断繁荣与信息技术的持续创新，供应链管理将呈现出更加智能化、个性化、绿色化的发展趋势，为企业创造更多的商业价值与社会价值。如图 5-2 所示的基于网络的供应链管理组织模型，正是这一发展趋势的生动体现与有力证明。

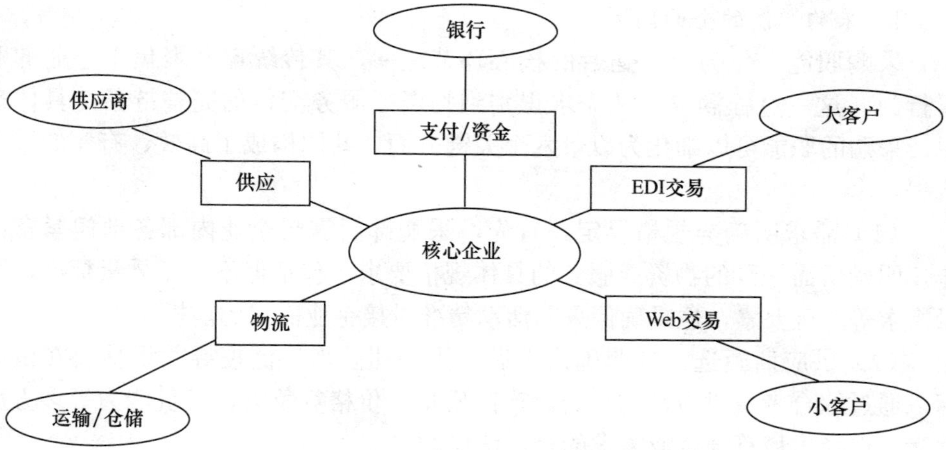

图 5-2 基于网络的供应链物流管理模型

第二节 供应链视角下的采购管理体系探讨

在供应链管理的广阔框架下，采购活动被赋予了更加深远的意义，而且更加复杂。它不再局限于简单的商品购买动作，而演变为一项涵盖从供应商甄选至商品入库的全链条管理任务。这一过程中，涉及询价、比价、订单处理、交货条款协商以及最终采购执行等一系列精细步骤，共同构成采购管理的完整体系。

一、采购与供应链管理的深度剖析

采购活动，作为企业运营不可或缺的一环，其复杂性与系统性要求我们在每一个环节上都需保持高度的警觉与精细的管理。这一过程不仅关乎物资或服务的获取，更是企业战略执行、成本控制以及供应链协同效率提升的关键所在。因此，对采购活动的全面控制，即采购管理，成为企业持续健康发展的基石。

（一）采购管理的深度解读

采购，本质上是企业与供应商之间的一种交易行为，其核心在于满足企业生产经营所需的物资与服务。而采购管理，则是企业为确保这一交易过程高效、顺畅、成本可控而实施的一系列管理活动。它不仅涉及购买行为的直接执行，更涵盖了需求预测、供应商选择、合同谈判、订单管理、质量控制、绩效评估等多个方面，形成一个闭环的管理体系。

1．采购职能的全面阐述

采购职能，作为企业运营的核心环节之一，其传统定义聚焦于企业的购买行为，这一过程涵盖了从需求识别到物资或服务交付的完整链条。具体来说，采购的职能可以细化为以下六个关键方面，共同构成了高效、有序的采购流程。

（1）需求明确与规格界定。首先，采购部门需与企业内部各部门紧密协作，明确所需采购的物资或服务的具体规格要求，包括但不限于质量标准、数量需求等关键要素，这是确保采购活动精准对接企业需求的前提。

（2）供应商甄选。在明确需求后，采购团队需广泛搜寻并评估潜在供应商，通过综合考量供应商的信誉、产品质量、价格竞争力、交货能力等多方面因素，选择出最符合企业需求的合作伙伴。

（3）商务谈判与协议制定。与选定的供应商进行深入的商务谈判，就采购价格、交付条件、支付方式、售后服务等关键条款进行协商，并基于双方共识制定详细的采购协议，为后续的采购活动奠定法律基础。

（4）订单执行与发放。根据协商一致的采购协议，采购部门向供应商发放正式订单，明确采购物品的具体信息、数量、交货时间等，确保供应商能够准确理解并执行采购需求。

（5）订单监督与费用控制。在订单执行过程中，采购部门需对供应商的履约情况进行持续监督，确保采购物品按时、按质、按量交付。同时，通过精细化的费用管理，有效控制采购成本，提升采购效益。

（6）绩效评估与反馈。采购活动结束后，对供应商的绩效进行全面评估，包括产品质量、交货及时性、售后服务等方面，并根据评估结果给予相应的反馈与激励。这有助于建立长期稳定的供应商关系，并不断优化采购流程。

值得强调的是，虽然物资需求计划、原料安排、存货管理以及质量监督等环节在采购活动中发挥着重要作用，但它们并不直接属于采购职能的范畴。这些环节更多的是采购活动的前置条件或后续支持工作，需要与采购部门紧密协作，共同推动采购流程的顺畅运行。

2．采购管理的全新视角

采购管理，作为企业在供应商关系管理领域的核心策略，涵盖了为确保物资或服务高效、经济地获取而开展的一系列综合活动。这一过程不仅触及企业内部资源的优化配置，还深刻影响着企业与外部供应商之间的合作与互动，因此，采购管理自然划分为内部治理与外部协调两大维度。

从内部管理的视角来看，采购管理聚焦于企业内部的流程优化、团队建设，以及风险管控等方面。这包括制定和执行采购政策、流程标准化、制定采购团队培训与激励政策，以及采购成本与绩效的监控与评估。通过这些措施，企业能够提升采购活动的透明度与效率，确保采购决策的科学性与合理性。

而在外部关系的管理上，采购管理则侧重于与供应商建立长期、稳定的合作关系，并通过有效的沟通与协商，实现供需双方的共赢。这包括供应商的筛选与评估、合同条款的谈判与签订、供应商绩效的持续监控与反馈，以及供应链风险的共同应对等。通过加强外部关系的管理，企业能够降低采购成本、提高采购质量、缩短交货周期，从而增强整个供应链的竞争力。

值得注意的是，采购管理是供应链管理这一更广泛概念的重要组成部分。供应链管理不仅关注原材料、零部件等物资的流动与转换，还涵盖了与此相关的所有活动、信息及财力的管理。与采购管理相比，供应链管理具有更为全面的视角，它不仅包括对供应商关系的管理，还涉及对物流活动的规划与执行、库存水平的控制，以及供应链整体绩效的优化等方面。因此，采购管理在供应链管理中扮演着至关重要的角色，是推动供应链高效、稳定运行的关键力量。

3．采购货物与服务的细致分类

在采购流程的核心环节——货物与服务的购买过程中，企业会遭遇并处理多种多样的商品与服务类型。这些物品和服务按照其特性和用途，可以细致划分为以下八个类别。

（1）基础原材料。作为生产活动的基石，基础原材料是指那些未经显著加工或仅经过最基础处理的物质，它们在企业生产流程中扮演着至关重要的角色，为产品的制造提供了必要的物质基础。

（2）辅助性耗材。辅助性耗材在生产过程中被消耗，但并不直接构成最终产品的实体部分。这些材料，如润滑油、焊条等，对于确保生产过程的顺畅进行至关重要，它们虽不显眼，却是生产链条中不可或缺的一环。

（3）中间半成品。中间半成品是指已经历初步加工，但仍需进一步深加工才能成为最终产品的材料。它们如钢板、塑料薄片、钢条等，在多个生产阶段中流转，最终融入产品的整体之中。

（4）成品组件与零部件。成品组件与零部件是构成最终产品的重要部分，它们通常不再经历额外的加工，而是直接通过组装或连接成为产品的组成部分。这些零部件既有按照标准规格生产的通用件，也有根据特定需求定制的专用件，如灯泡、电池、发动机零件等。

（5）附带销售成品。某些产品虽然经历了价值增值，但并非作为独立商品销售，而是作为其他产品的附带部分一同售出。例如，汽车中的收音机、装饰用橡胶等，它们虽然具有独立的商品属性，但在市场上更多的是作为汽车配件存在。

（6）资本设备与投资品。这类物品，如家用电器、机械设备等，是企业进行长期投资的一部分。它们不会立即消耗，但会随着时间的推移和使用而逐渐贬值。因此，对于这类物品的采购，企业需要格外关注其性价比、耐用性以及后续维护成本。

（7）运维与消耗品。运维与消耗品是维持企业日常运营所必需的物品，如办公用品、复印纸等。它们虽然价值不高，但使用量大，对于企业的运营效率有着不可忽视的影响。因此，对于这类物品的采购，企业需要注重成本控制和库存管理。

（8）专业服务。除了实体商品，采购流程还涉及各类专业服务的购买。这些服务由第三方提供，包括但不限于清洁服务、临时劳务、工程设计等。它们虽然不直接转化为物质产品，但对于企业的运营和发展同样具有不可替代的作用。

（二）采购在供应链中的核心地位与作用

在深入探讨了采购及采购管理的基础上，我们现将进一步阐述采购活动在供应链管理体系中的关键角色与深远影响。具体而言，采购在供应链中的作用主要体现在以下三个方面，这些作用紧密关联并深刻影响着企业的整体运营战略与市场竞争力。

1. 塑造企业经营战略的核心驱动力

在当今瞬息万变的市场环境中，企业面临诸多不可预见的挑战与机遇。有效管理供应商网络已成为企业应对市场波动、强化竞争力的关键策略之一。企业需将市场与客户的真实需求置于战略核心，通过外包非核心业务给专业供应商，集中资源于核心竞争力的发展。这一过程中，采购活动不仅承担着物资获取的职能，更成为推动企业战略实施与调整的重要力量。

（1）优化价值链管理。采购活动贯穿商品从原材料到最终消费品的整个价值链过程。通过精细管理采购环节，企业能够优化价值链上的每一个节点，提升整体运营效率与附加值。这不仅有助于企业明确自身在市场中的定位，还能为制定和调整经营战略提供有力支撑。

（2）强化流程导向思维。流程导向要求企业以消费者为中心，重新审视并优化内部流程与外部关系。采购作为连接企业与供应商的关键环节，其高效运作能够带动整个供应链的流畅运转，进而提升企业的市场响应速度与服务质量。

（3）构建卓越的供应商网络。外购策略的正确执行与供应商网络的有效管理是企业降低成本、提升效益的关键。通过精心挑选并培育一流的供应商合作伙伴，企业能够以更低的成本获取更高质量的资源与服务，从而在市场竞争中占据有利地位。

综上所述，采购活动在供应链中不仅是物资获取的简单过程，更是企业实现战略转型、提升竞争力的核心驱动力。通过优化采购管理，企业能够更好地应对市场挑战，把握发展机遇，实现可持续发展。

2．采购在价值链构建与优化中的深远影响

价值链，作为衡量企业经营策略及其实施路径的关键标尺，其每一环节都紧密相连，共同构筑了企业的价值创造体系。在这一体系中，采购活动的作用日益凸显，成为影响价值链动态与效能的关键因素。

（1）价值链的深度剖析。价值链的构成不仅涵盖了直接创造价值的基本活动，如生产、营销、物流等，还包含了支持这些活动高效运行的辅助活动，如技术研发、人力资源管理、采购管理等。这些活动相互交织，共同促进了企业价值的最大化。

（2）采购对基本活动的多维度支持。在基本活动层面，采购不仅是物资的获取与分配，更是企业战略意图与市场响应能力的直接体现。生产采购作为核心环节，紧密关联着企业的生产流程与市场需求，通过精准匹配物料供应与生产需求，确保生产线的连续性与高效性。这一过程不仅关乎产品质量与成本控制，更直接影响到企业的市场竞争力与盈利能力。此外，采购活动还通过对外部物流的有效管理，降低了物流成本，提升了物流效率，为企业的市场扩张与快速反应提供了坚实支撑。

（3）采购对辅助活动的独特贡献。在辅助活动方面，采购同样发挥着不可或缺的作用。它并不局限于办公用品、计算机硬件与软件等日常运营所需物资的采购，更深入技术研发、产品创新等核心领域。通过采购先进的试验设备、研发工具及软件，企业能够加速技术创新与产品迭代，提升核心竞争力。这种以辅助活动为目标的采购策略，虽然不直接参与生产与销售，但却为企业的长远发展奠定了坚实的基础，是企业持续创新与保持竞争优势的重要源泉。

（4）采购影响的差异性与互补性。值得注意的是，采购活动对基本活动与辅助活动的影响存在显著差异，但这种差异并非孤立存在，而是相互补充、共同促进的。生产采购确保了生产过程的顺畅与高效，为企业的价值创造提供了直接动力；而辅助采购则通过支持技术研发、提升运营效率等方式，间接增强了企业的价值创造能力。两者相辅相成，共同推动了企业价值链的持续优化与升级。

综上所述，采购活动在价值链构建与优化中扮演着至关重要的角色。它不仅直接影响了企业的生产与销售效率，更通过支持技术研发、提升运营效率等方式，为企业的长远发展注入了强大动力。因此，企业应当高度重视采购管理，不断优化采购策略与流程，以充分发挥其在价值链中的关键作用。

表 5-1　为基本活动及辅助活动进行采购的区别

项目	为基本活动进行采购	为辅助活动进行采购
产品种类	可多可少	非常多
供应商数量	有限、清楚	非常多
采购金额	非常大、相当可观	有限
购货订单数量	相当多	非常多
平均订货量	高	低
控制	依赖于生产计划类型	与需求预测或项目有关的计划相关
决策制定单位	设计、制造部门的专业人员	各个部门，随产品或服务而变化

（三）供应链管理模式下企业采购的必要条件与构建策略

在供应链管理的全新视角下，企业采购活动的转型与升级成为实现高效运营与持续盈利的关键路径。为了确保采购活动能够无缝融入并优化供应链管理流程，企业需满足并强化以下核心条件。

1．构建信息透明化的供应链信息管理系统

传统采购模式中，信息的封闭性严重制约了企业间的协作与市场的快速响应能力。而在供应链管理模式下，首要任务是打破这一壁垒，构建开放、共享的信息管理系统。该系统需能够实时收集、整合并分析来自市场、供应商、企业内部等多源数据，确保信息的透明与流通。通过加强与供应商的战略合作，建立紧密的沟通机制与信息共享平台，企业能够更准确地把握市场动态，快速响应市场变化，从而制定更加精准、高效的采购策略。

2．优化组织结构与人员配置，强化信息管理能力

信息管理系统的有效运行离不开专业团队的支持。企业应设立信息中心或指定专业部门，负责信息系统的日常运营与维护。这些部门需汇聚具备深厚网络信息技术功底与供应链管理知识的专业人才，他们不仅要能够熟练处理海量数据，还需具备敏锐的市场洞察力与战略思维，为企业的采购决策提供有力支持。同时，企业内部各部门之间也应加强协作，形成跨部门的信息流通与共享机制，共同推动供应链信息的全面整合与优化。

3．打造精准、高效、灵活的现代物流体系

现代物流体系是供应链管理模式下采购活动的重要支撑。为了构建这样一个体系，企业需从以下三个方面入手。

（1）完善内部物流体系。优化仓库布局、提升仓储管理效率、实现库存的精准控制与动态调整，确保采购物品能够迅速、准确地送达生产一线。

（2）强化物流配送能力。建立快速响应的物流配送机制，确保采购物品能

够按时、按量、按质送达指定地点。同时，加强与第三方物流公司的合作，拓展物流网络覆盖范围，提升物流服务的灵活性与可靠性。

（3）完善外部物流体系。与供应商、分销商等合作伙伴建立紧密的物流协同关系，实现物流资源的共享与优化配置。通过构建供应链物流平台，实现物流信息的实时共享与可视化监控，提升整个供应链的物流效率与透明度。

综上所述，企业要在供应链管理模式下实现采购活动的转型升级，必须高度重视信息管理系统的构建、组织结构与人员配置的优化以及现代物流体系的打造。这些条件的满足与强化将为企业带来更加精准、高效、灵活的采购体验，进而推动企业在激烈的市场竞争中脱颖而出。

二、供应链管理视角下的采购组织架构与特色分析

在供应链管理框架下，采购活动的定位与组织架构设计紧密关联于企业的独特业务形态及其所处的外部环境。企业的规模差异、产品线的多样性等因素，均深刻影响着其采购组织的构建与运作特点。本节旨在通过剖析供应链管理模式下的采购组织架构，进而探讨该模式下采购团队构建的关键要素及其展现出的独特采购风貌。

（一）供应链管理模式下的采购组织架构概览

随着市场竞争的加剧和供应链管理理念的深入发展，企业采购部门的组织架构正经历着深刻的变革。不同于传统模式，现代企业在供应链管理的指导下，更加注重采购活动的战略性与协同性。这一趋势促使企业不断调整其采购组织架构，以适应快速变化的市场需求和供应链环境。例如，越来越多的企业开始采用跨部门、跨职能的采购合作模式，通过加强内部沟通与协作，实现采购流程的优化与效率的提升。

（二）供应链管理模式下采购团队构建的基石

在供应链管理的精细运作中，构建一支高效、可靠的采购团队是确保企业供应链顺畅与竞争力的核心要素。这一过程不仅要求团队成员具备深厚的专业素养，还需拥有高尚的职业道德与卓越的综合能力，以应对复杂多变的采购环境。

1. 采购人员应具备的素质

（1）道德品质：诚信为本，责任为先。采购活动作为企业与供应商之间的桥梁，其诚信与责任感是维系双方合作关系的基石。在供应链管理模式下，采购人员应被视为企业道德的守护者，他们的每一个决策都直接影响到企业的声誉与利益。因此，选拔采购人员时，首要考虑的便是其道德品质，包括高度的诚信意识、强烈的责任心以及对企业忠诚度的考量。这样的员工能够在面对诱惑时坚守原则，确保采购活动的公正性与透明度，从而维护企业的整体利益与

长远发展。

（2）知识储备：广博而深厚。随着市场环境的不断变化与供应链管理的日益复杂化，采购人员所需掌握的知识范围也在不断拓展。除了基本的业务知识与市场洞察能力，他们还需具备跨学科的知识体系，包括但不限于文化常识、自然科学基础、心理学原理等。这些知识不仅能够帮助采购人员在商务谈判中占据有利地位，还能使他们在面对不同文化背景的供应商时更加游刃有余。同时，持续的学习与知识更新也是采购人员必备的品质之一，以适应快速变化的市场需求与供应链管理的新趋势。

（3）能力构建：多维度的综合实力。在供应链管理模式下，采购人员的能力素质直接决定了采购活动的效率与效果。具体而言，他们应具备以下五方面的能力。

1）业务分析能力。能够深入分析市场趋势、产品特性及供应商信息，为采购决策提供有力支持。

2）沟通协调能力。与内部各部门及外部供应商保持紧密沟通，确保信息畅通无阻，促进合作顺利进行。

3）谈判与表达能力。在商务谈判中展现出色的沟通技巧与谈判策略，争取最优采购条件。

4）成本与价值分析能力。精准分析采购成本与产品价值，实现性价比最大化。

5）市场预测能力。基于市场数据与趋势分析，准确预测未来需求变化，为采购计划提供前瞻性指导。

综上所述，供应链管理模式下的采购团队建设需注重人员素质与能力的全面提升。通过选拔具备高尚道德品质、深厚知识储备与卓越综合能力的采购人员，并持续进行专业培训与能力提升，企业才能构建起一支高效、可靠、适应性强的采购团队，为企业的持续发展奠定坚实基础。

2．采购人员的核心观念体系

采购人员的观念是其职业行为的指南针，它们不仅指导着日常采购工作的方向，也决定了在面对复杂采购挑战时的应对策略。一个具备先进观念的采购人员，能够站在企业整体战略的高度，以经济效益为核心，积极参与市场竞争，同时注重客户服务与持续创新，从而推动采购活动的不断优化与升级。具体来说，这些观念包括以下五项。

（1）战略观念。采购人员应具备全局视野，将采购活动视为企业战略实现的关键环节。他们需深入理解企业战略目标，确保采购决策与之相契合，通过优化供应链布局、建立长期合作关系等方式，支持企业实现长远发展。

（2）经济观念。在采购过程中，成本效益分析是不可或缺的环节。采购人员应树立成本意识，追求采购成本的合理降低与资源的高效利用。他们需具备敏锐的市场洞察力，精准把握市场价格动态，通过谈判、比价等手段，为企业争取最大的经济利益。

（3）竞争观念。在激烈的市场竞争中，采购人员需保持敏锐的竞争意识。他们需关注行业动态，了解竞争对手的采购策略，以便及时调整自身策略，保持竞争优势。同时，通过引入优质供应商、提升采购效率等方式，增强企业的市场竞争力。

（4）服务观念。采购不仅仅是买卖交易，更是服务的过程。采购人员需树立以客户为中心的服务理念，关注内部需求部门及外部供应商的满意度。通过提供及时、准确、高效的服务，建立稳定的合作关系，促进供应链的和谐共生。

（5）创新观念。面对不断变化的市场环境，采购人员需具备创新思维，勇于尝试新的采购模式、技术和方法。通过引入电子采购、大数据分析等现代技术手段，提升采购效率与透明度，降低采购风险，为企业创造更大的价值。

3. 采购人员的招募与培育策略

在供应链管理模式下，构建一支高素质、专业化的采购团队是企业的重要任务。这要求企业在招募与培育采购人员时，采取科学合理的策略，确保团队的整体素质与能力的提升。

（1）招募策略。企业应采用多元化、开放性的招募方式，吸引来自不同背景与专业的优秀人才。无论是通过企业内部选拔还是外部招聘，都应遵循公平、公正、公开的原则，确保招募过程的透明度与公正性。同时，企业应制定明确的招募标准，对候选人的道德素质、专业知识、综合能力等方面进行全面评估，确保选拔出符合企业需求的优秀人才。

（2）培育策略。企业应重视采购人员的职业发展与能力提升，编制系统的培训计划与职业发展路径。对新入职的员工，应提供全面的入职培训，帮助他们快速融入团队并掌握基本业务技能。对在职员工，则应根据其职业发展阶段与业务需求，提供有针对性的培训课程与实践机会。此外，企业还应鼓励采购人员参与行业交流、研讨会等活动，拓宽视野、增强交流能力。同时，建立科学的激励机制与评价体系，激发采购人员的工作热情与创造力，促进团队的持续成长与进步。

（三）供应链管理模式下采购活动的革新特点

在供应链管理的框架下，采购活动相较于传统模式发生了深刻的变革，这些变革不仅重塑了采购的核心理念，还显著提升了采购的效率与效果。

1. 从库存导向到订单驱动的采购转型

在传统采购模式中，采购活动主要围绕库存水平进行，缺乏对市场需求的直接响应。然而，在供应链管理模式下，采购活动被赋予了新的使命——直接服务于订单需求。这一转变意味着采购不再仅仅是库存的补充手段，而是成为连接客户需求与供应链响应的关键环节。具体而言，订单驱动的采购模式带来了以下五方面的革新。

（1）深化了企业与供应商的合作伙伴关系。供应链管理模式促使企业与供应商之间建立了更加紧密、长期的合作关系。这种关系不仅简化了合同签订流程，同时优化了采购流程，减少了不必要的作业环节，提高了整体效率。

（2）促进了供应链的同步化运作。通过同步化供应链计划的实施，企业的生产计划、采购计划以及供应商的供应计划实现了高度协同。这种协同作用极大地缩短了交货周期，提升了供应链的响应速度。

（3）革新了信息传递机制。在供应链管理模式下，企业与供应商之间的信息壁垒被打破，双方开始共享市场与生产信息。这种信息共享机制增强了企业对市场变化的敏感度，使企业能够更加灵活地调整订货计划，实现订货与需求的无缝对接。

（4）降低了采购成本。由于采购物资直接流向生产线，减少了库存积压和物资维护成本，同时也减轻了采购人员的工作负担。这种直接、高效的采购方式有助于降低整体采购成本，提升企业竞争力。

（5）推动了作业管理模式的变革。订单驱动的采购模式简化了采购流程，使采购部门的工作重心从单纯的物资采购转向供应链各环节的协调与沟通。这种转变促使采购部门的作业模式向过程化、服务化方向发展，更加注重与供应链上下游的协同合作。

2．外部资源管理的深化发展

（1）战略伙伴关系的重塑。企业开始将供应商视为战略合作伙伴而非简单的交易对象，致力于建立长期、稳定的合作关系。这种关系基于相互信任、共同目标和利益共享的原则，鼓励双方开放沟通，共同面对市场挑战。通过定期的沟通会议、联合项目合作等方式，加深彼此了解，提升合作默契，确保在紧急情况下能迅速响应，共同解决问题。

（2）信息共享与反馈机制的强化。为了促进供应链透明度和效率，企业积极构建与供应商之间的信息共享平台，实现订单状态、库存水平、生产进度等关键信息的实时同步。同时，建立健全的反馈机制，鼓励供应商主动报告潜在问题，企业则及时提供市场趋势、消费者反馈等信息，帮助供应商优化产品设计、提升产品质量。此外，通过定期的质量评审、满意度调查等方式，确保双方持续改进，共同提升供应链整体绩效。

（3）深度参与与共同创新。企业不再仅仅满足于接受供应商提供的产品，而是主动参与到供应商的产品设计、研发及质量控制过程中。通过派遣技术人员、市场专家等参与供应商团队，共同探索新产品开发方向，确保产品符合市场需求。同时，引入供应商参与企业的创新项目，利用供应商的专业知识和技术资源，加速创新成果转化，提升市场竞争力。

（4）供应链协同与计划优化。在复杂的供应链网络中，企业积极协调供应商计划，确保资源有效配置，避免多头竞争导致的资源紧张。通过制订联合生产计划、共享产能信息等手段，实现供应链各环节的紧密衔接和高效协同。同时，利用先进的供应链管理软件和算法，对供应链进行精细化管理和优化，提高响应速度和灵活性，降低运营成本。

（5）供应商网络的优化与整合。企业开始重新审视和调整供应商网络，通过严格的评估体系筛选出具有竞争力、符合企业价值观的供应商。在保持一定竞争性的同时，逐步减少供应商数量，与少数优质供应商建立更加紧密和长期的合作关系。这不仅有助于提升采购效率和确保质量稳定性，还能促进双方更深层次的合作与共同发展。同时，企业也需根据市场变化和产品需求调整供应商结构，保持供应链的灵活性和适应性。

综上所述，从采购管理向外部资源管理的转变是企业应对市场变化、提升竞争力的必然选择。通过构建战略伙伴关系、强化信息共享与反馈、深度参与共同创新、优化供应链协同与计划以及整合供应商网络等措施，企业能够更有效地管理外部资源，实现供应链的整体优化和可持续发展。

3．战略协作关系的重塑与深化

（1）库存管理的革新与优化。传统采购模式下，企业往往依赖库存水平的波动来驱动采购活动，这不仅导致高昂的库存管理成本，还容易造成资源浪费。然而，在供应链管理的框架下，企业与供应商之间建立起信息共享的桥梁，使采购活动直接响应市场需求，转变为以订单为驱动力的新型模式。这种转变极大地减轻了库存压力，企业得以释放占用的资金，专注于提升运营效率与创新能力。同时，通过精准预测与协同规划，双方共同优化了库存水平，实现了库存成本的显著降低。

（2）风险共担与应对能力的提升。在传统采购环境中，信息不对称是引发采购风险的主要根源之一。而在战略协作关系下，企业与供应商携手构建风险共担机制，通过实时共享市场动态、生产计划及库存状况等关键信息，增强了供应链的透明度与韧性。面对市场波动或突发事件，双方能够迅速响应，共同制定应对策略，有效降低了因需求突变或供应链中断带来的风险。

（3）采购成本的有效控制。战略协作关系的建立，简化了采购与供货流程中的烦琐环节，减少了不必要的中间费用，从而实现了采购成本的显著降低。双方通过紧密合作，共同优化物流、仓储及配送等环节，提高了供应链的运作效率。此外，长期稳定的合作关系还促使双方投资于技术创新与流程优化，进一步降低了长期运营成本，提升了整体竞争力。

（4）时间与组织效率的提升。信息共享与协同决策是战略协作关系的重要特征。通过定期的沟通会议、联合规划及实时信息系统，企业与供应商能够快速响应市场变化，缩短决策周期。在采购计划的制订与执行过程中，双方共同参与、协商决策，减少了因信息不对称或沟通不畅导致的延误与误解。同时，战略协作关系还打破了组织间的壁垒，促进了跨部门的协调与合作，为准时化采购的实施奠定了坚实基础。这种高效的合作模式不仅提升了供应链的整体响应速度，还增强了企业的市场适应能力。

三、供应链管理模式下的电子采购

随着全球化经济的迅猛发展，企业间的联系和交流日益紧密和频繁，企业面临的外部采购需求也随之不断增加。采购全球化的趋势越发明显，全球采购模式逐渐形成并日益成熟。这一系列深刻的变化都极大地推动了采购行为的电子化进程。本节将从内涵、优点、模式等多个方面，对供应链管理模式下的电子采购进行详尽的介绍和阐述。

（一）电子采购的深刻内涵

电子采购，这一新兴的采购模式，是以互联网为强大载体，实现公司之间在线购买和销售的行为。它充分利用网络平台，使采购活动得以直接、高效地进行。在电子采购模式下，公司之间的采购流程，包括浏览商品、洽谈价格、签订合同、交货以及付款等，都将在互联网上完成，实现了采购活动的全面电子化。

互联网技术的诞生和快速发展，为电子采购奠定了坚实的基础，提供了充分的技术支持。无论是在全球范围还是在我国国内，电子采购模式都将成为采购活动的重要方式，并将得到不断的完善和发展。同时，它也将对整个供应链产生越来越重要的作用和影响，推动供应链管理的进一步优化和升级。

电子采购不仅建立在互联网技术的基础上，还涉及多项其他先进的科学技术。这些技术共同为电子采购提供了强大的技术支持，保障了其顺畅、高效的运行。

1. 数据库技术

在电子采购中，数据库技术发挥着至关重要的作用。它主要负责对企业的各种数据进行存储和管理，确保数据的准确性和完整性。在当今市场，信息在采购活动中占有越来越重要的地位，因此数据库技术也变得更加重要。在企业的电子采购过程中，会产生大量的数据，包括供应商数据、采购物资数据、内部物资数据等。这些数据需要进行合理的管理和有效的组织，以便为企业提供准确、及时的采购信息。而数据库技术就为这些数据的管理和组织提供了必要的技术条件，确保了电子采购的顺利进行。

2. EDI 技术

EDI 技术是一种使具有一定结构特征的数据信息在计算机系统中进行自动交换和处理的技术。它的出现极大地提高了企业间的商务沟通效率。在电子采购过程中，EDI 技术为企业间的商务谈判、合同传送以及订单的传送提供了强大的技术支持。通过 EDI 技术，企业可以快速地与供应商进行沟通和协商，确保采购订单的准确性和及时性。同时，EDI 技术还可以实现采购订单的自动处理和跟踪，大大提高了采购效率。

3. 金融电子化技术

在电子采购过程中，企业之间需要在网上完成货款的交付和结算。这就需要金融电子化技术提供技术保证。金融电子化技术通过网络技术实现了资金的高效流通和结算。在全球供应链网络中，采购活动的交易双方可能位于距离非常远的两个地方。此时，通过网络银行系统等金融电子化技术，可以实现货款的快速交付和结算，大大提高了资金流通的效率。因此，网络银行系统等金融电子化技术是电子采购过程中非常重要的必备技术之一。

4. 网络安全技术

企业在网上完成采购流程时，必然会在网络上留下大量的敏感信息，如合同、订单、商品价格等。这些信息对于企业的运营和发展具有重要意义，因此必须确保它们的安全性。网络安全技术就是保障这些信息安全的重要手段。一个完整的网络商务系统必须具备安全可靠的通信网络，以此来保证交易信息可以安全地进行传递。同时，安全的网络商务系统还应确保数据库服务器的绝对安全，避免由于数据库服务器存在漏洞而被黑客攻击或盗取交易信息的情况。通过采用先进的网络安全技术，企业可以有效地保护自己的敏感信息不被泄露或滥用，从而确保电子采购的顺利进行。

（二）电子采购的显著优势

电子商务采购模式的兴起，从根本上颠覆了传统的商务活动方式，为企业带来了前所未有的变革。电子采购通过自动化采购流程，并在网络环境中运行，不仅极大地提高了采购效率，还大幅度减少了采购活动中所需的人力、物力投入，进而有效降低了采购成本。无论是对于企业、供应商还是宏观经济而言，电子采购相较于传统采购模式都展现出了鲜明的优势。

1. 对企业和供应商而言

电子采购模式为企业带来了诸多显著的好处，这些好处主要体现在以下六个方面。

（1）优化货物来源选择。借助互联网技术进行电子采购，企业可以随时随地浏览供应商及其产品的信息。这种透明度使得企业能够货比三家，轻松选择最合适的货物来源。此外，企业还可以与供应商进行在线咨询和沟通，从而更深入地了解供应商提供的产品，并最终确定合作的供应商。这一做法不仅降低了企业的采购支出，还显著缩短了采购周期。同时，通过比较，企业能够以最低的价格获得最满意的商品，从而大幅降低了采购成本。

（2）便于企业进行信誉评估。为了增强电子采购的说服力，互联网上应建立一套完善的商家信用评估体系。交易完成后，买家和卖家可以在该评估体系中相互评价并打分，从而形成各企业的信用评估数据。这些商家评估数据的产生为之后需要进行电子采购的企业选择供应商提供了重要的参考依据。

（3）高效组织评估。基于互联网的电子采购使得供应商能够更方便地浏览企业信息，并在网络上发布招标信息。这有助于供应商发现更多的潜在买家，从而扩大销售范围和拓宽产品种类。同时，采购企业可以通过网络更迅速地对供应商进行评估。通过召集专家组成评估团，对供应商的各方面条件进行综合评估，确保了评估的公正性和准确性。

（4）实时掌握市场信息和库存状况。在电子采购模式下，企业可以在网络上建立自己的库存信息数据库。这样，企业可以通过互联网实时了解库存状况，并随时进行管理。对库存状况的及时掌握有助于企业避免盲目采购、重复采购等现象的发生。同时，通过互联网，企业还可以及时了解市场行情的最新动态，从而随时调整生产计划和采购计划，避免因生产计划错误估计而导致的采购失误。

（5）缩短生产周期。研究表明，产品的生产成本与生产周期的长短密切相关。一个产品的生产成本不仅包括制造费用和零部件成本，还包括可能产生的折旧费用、管理费用等。因此，在进行产品生产时，如果生产时间越短，那么后几项生产成本的值就会越小，总的生产成本就会越低。通过互联网技术平台的使用，企业可以将产品的设计、开发、审核等工作都在网络上同步完成。这提高了时间利用率和生产效率，进而缩短了生产周期并降低了生产成本。

（6）提高市场透明度。市场透明度主要包括产品透明度、供应商透明度以及价格透明度等三部分内容。这些内容直接影响着企业采购的有效性。因此，在互联网上进行采购活动可以使商品和价格信息对大众公开。这在很大程度上提高了市场的透明度，并有助于促进供货市场各供应商之间的良性竞争。这种竞争促使货物价格下降，使得采购方能够以更低的价格采购到商品。

2．对宏观经济而言

从宏观角度来看，电子采购具有以下三项显著的优势。

（1）确保市场内部供需双方的有效衔接。除了能提高市场透明度、降低并统一产品价格，电子采购还有利于促进产品市场内部供需双方之间的有效衔接。在传统采购模式中，供应商通常会采取打折或促销的方式来处理多余库存，但效果往往不理想。然而，在电子采购模式下，由于市场透明度的提高，供需双方可以在互联网上进行线上交易。将供需双方在互联网上紧密地衔接起来，有效解决了供求不平衡的问题。

（2）突破地理和语言障碍。在传统采购模式中，产品的交易双方在进行沟通交流时往往会受到地域和语言障碍的限制。然而，在电子采购模式下，由于供需双方的交易过程大多可以在网上进行，因此突破了地理的局限。潜在买家只需要在网上进行搜索和选择就能进行商品的采购。而日益发展的第三方电子商务采购平台也会为供需双方提供语言平台等服务，从而克服了采购过程中的语言障碍。

（3）有助于改善资源分配。采用电子采购模式有利于有限资源的更合理分配。在传统采购模式中，由于缺乏信息支持，企业往往无法对市场需求进行科学预测。这就会导致不必要的库存风险存在。然而，在电子采购模式下，由于信息的畅通和共享，企业和供应商都可以及时对市场需求进行了解，并调整采购和供货计划。从而实现有限资源的合理分配和高效利用。

（三）电子采购的具体模式及其运作方式

在供应链管理模式下，电子采购的具体模式主要分为一对多模式和多对多模式两种。这两种模式各有其特点和运作方式，下面将分别进行详细阐述。

1．一对多模式

一对多模式，即一个买家与多个卖家之间的交易模式，也称为买方模式或集中采购系统。在这种模式下，采购方（买方）在网上发布需求信息，包括采购商品的名称、规格、数量、交货期要求等。供应商则可以通过采购方的网站上传自己的产品信息，以供采购方进行评估和选择。

（1）买方模式。采购方在发布需求信息后，会收到多个供应商的产品信息。采购方需要对这些信息进行评估，包括供应商的信誉、产品的质量、价格等因素。在评估完成后，采购方会确定最终合作的供应商，并与其进行交易。在这种模式下，采购方需要承担建立、维护和更新产品目录的工作，以确保采购活动的顺利进行。

（2）卖方模式。与买方模式相对应的是卖方模式，也就是多对一模式。在这种模式下，卖方在网络上公开发布产品的在线目录，包含产品种类、规格、价格等内容。采购方可以根据自己的需求，在卖方的网站上进行选择，并最终进行付款和等待交货。在卖方模式下，供应商需要花费大量精力来维护和及时更新产品的在线目录，以供采购方选择。而采购方则只需要浏览网页，就能得到自己需要的产品信息，从而简化了采购流程。

2．多对多模式

多对多模式是指由除买卖双方之外的第三方提供，买卖双方直接参与的采购模式。这种模式又称为第三方系统或门户采购模式。在多对多模式下，第三方会将需要进行采购的需方和有产品提供的供方集中在一个交易平台上，帮助他们完成采购活动。

（1）多对多模式的运作方式。第三方作为中介，为买卖双方提供一个在线交易平台。买方可以在平台上发布自己的采购需求，而卖方则可以在平台上展示自己的产品信息。第三方会对买卖双方的信息进行审核和管理，以确保交易的安全和顺利进行。在多对多模式下，买卖双方可以直接进行沟通和协商，从而达成交易。

（2）门户的分类与作用。门户是多对多模式中的重要组成部分，主要分为垂直门户和水平门户两种。垂直门户是指经营专门产品的市场，如电子产品、服装等；而水平门户则是指集中了多种类别产品的市场，如综合性电商平台。门户的作用是为买卖双方提供一个集中的交易场所，方便他们进行在线交易和信息交流。

（3）第三方系统的类型与服务。第三方系统包括采购代理、联盟采购和中介市场等不同的类型。采购代理是指由第三方代理公司为企业提供专门的采购代理服务，包括安全的网络采购场所、在线投标和实时拍卖等。联盟采购则是指几家经营产品不同的企业将在生产过程中共同需要的材料和商品进行统一采购，以降低成本和享受价格优惠。中介市场则是由专业的网络公司组建的帮助多个企业和供应商之间进行在线交易的采购运行载体。这些第三方系统为企业提供了更加便捷和高效的采购方式，降低了采购成本和风险。

（四）电子采购的实施步骤

企业在实施电子采购时，需要遵循一系列有序的步骤来确保采购过程的顺利进行。以下是电子采购实施的主要步骤。

1．专业培训

对负责电子采购的工作人员进行全面的专业培训是至关重要的。这些培训不仅包括提升他们的专业技能，还涉及对相关制度改革的深入理解和指导，以确保员工能够适应并支持电子采购系统的实施。

2．构建数据库

在互联网上建立一个综合性的数据库，该数据库应包含产品目录、供应商目录、供应商产品信息、可检索数据库以及相关的网站和搜索工具。这样的数据库有利于企业实时管理和更新在线采购数据，提高采购效率。

3．成立项目团队

组建一个专门的电子采购项目小组是实施电子采购的关键环节。该小组应由高层管理人员领导，并包含来自仓储、生产、计划、信息技术以及采购等部门的相关人员，以确保跨部门协作和项目的全面推进。

4．深入调研

在正式启动电子采购之前，广泛听取各方意见，确保电子商务采购系统的完善性。同时，借鉴其他企业的电子采购实践经验和教训，在达成共识的基础上，编制切实可行的技术方案。

5．建立内部管理信息系统

为了实现企业业务数据的计算机自动化管理，需要建立内部管理信息系统。在企业的电子商务采购系统网站上，完善内部管理信息，并设置电子商务采购功能板块，以便随时保持采购过程与企业管理层、供应商以及企业相关部门之间的动态联系和沟通。

6．网站信息发布

完成上述准备工作后，最后一步是在企业网站上发布采购信息。企业首先进行内部采购统计，然后将统计信息在网上公布，包括需要采购的产品的名称、种类、规格、数量以及交货时间等详细信息，以吸引供应商并启动电子采购流程。

四、供应链管理模式下的准时采购策略

准时化采购，也称为 JIT（Just-In-Time）采购法，是一种先进的采购模式，其核心在于对采购过程进行精细规划，旨在降低采购成本，提高采购效率。这一策略最早由日本丰田汽车公司创立，并在供应链管理模式下成为采购管理研究的重要内容。本节将从基本思想、关键要素、特点以及实施步骤等方面，对供应链管理模式下的准时采购策略进行详细探讨。

（一）准时采购的基本思想与特点

1．基本思想

准时化采购策略的基本思想是：在恰当的时间和地点，为采购方提供恰当数量和质量的商品。这一思想强调采购活动的精准性和高效性，要求采购方与供应商之间紧密合作，共同确保采购过程的顺利进行。准时化采购的内容不仅涉及供应商的支持与合作，还包括货物运输流程的优化等。

2．特点

与传统的采购模式相比，准时采购具有显著的特点。首先，其驱动因素是订单，即严格按照订单进行生产资料的采购。其次，准时采购通常只选择一家或少数几家供应商进行合作，简化了供应商管理难度，并有助于形成长期、稳定的合作关系。此外，准时采购对供应商的要求较高，注重供应商的能力和经营状况。同时，它还严格要求供应商的交货时间，以实现精细生产。最后，准时采购要求信息共享，以确保供需双方利益的共赢。

（二）准时采购的四要素

在供应链管理模式下，准时采购的实施需要关注以下四大要素。

1．供应商

在准时采购模式中，供应商的选择无疑是一个至关重要的环节。为了提高管理效率和响应速度，企业往往会精简供应商数量，与少数几家建立长期稳定的合作关系。在选择供应商时，我们不仅要考察其产品的质量和供货的稳定性，还要考虑其地理位置，以减少物流成本和运输时间。更重要的是，现代企业越来越倾向于与供应商建立更深层次的合作关系，通过参与供应商的内部管理，推动其管理水平的提升，从而在保障供货质量的同时，也能在价格上获得更大的竞争优势，进而降低采购成本。

2．采购数量

确定合理的采购数量是准时采购策略中的又一关键环节。采购数量过多会导致库存积压，增加库存成本；采购数量过少则可能因缺货而影响生产进度。因此，企业需要根据自身的生产计划和市场需求，精确计算出每次的采购数量。这样，企业才能在保证生产连续性的同时，有效控制库存和运输成本，实现采购效率和成本控制的双重目标。

3．供货质量

供货质量是决定准时采购策略成功与否的关键因素。任何质量问题都可能导致生产中断，甚至影响到企业的整体运营和品牌形象。因此，企业必须与供应商共同建立严格的质量监控体系，从源头确保产品质量。通过定期的质量检查、及时的问题反馈和有效的改进措施，形成闭环管理，从而确保每一批次的供货都能满足生产要求。

4．货物运输

在准时采购中，货物运输的效率和准时性至关重要。供应商是否具备稳定、高效的运输条件，直接关系到企业能否按计划接收到所需物料。为了提高运输效率，供应商需要不断优化物流网络，提升运输工具的性能，同时加强与企业之间的信息沟通。只有这样，才能确保物料在规定的时间内准确送达，从而保障企业生产的顺利进行。

（三）准时采购的实施步骤与条件

1．实施条件

准时化采购的实施需要满足一定的条件。首先，要选择最佳的供应商，并在采购过程中随时对其进行有效管理。其次，要加强客户和供应商之间的合作关系，建立紧密的合作伙伴关系。最后，要对采购过程中产品的质量进行严格把关，确保供货质量符合要求。

2．实施过程

准时采购的实施过程包括以下八个步骤。

（1）成立专门小组。负责准时采购的专门小组应由涉及采购流程的各个部门员工组成，负责寻找货源、商定价格以及发展和维持企业与供应商之间的关系。

（2）制订采购计划。在确定采购方式、供应商数量、供应商评估等内容后，制订具体的采购计划，并与供应商进行及时沟通，共同确定准时采购的目标和相关策略。

（3）选择供应商。根据产品质量、供货状况、应变能力、距离远近、技术能力、财务状况、产品价格等因素选择少数几家供应商进行合作，并积极争取与供应商建立合作伙伴关系。

（4）进行试点工作。在某种产品或某条生产线上进行采购前的试点工作，争取获得各部门的支持和配合，通过试点发现采购计划存在的不足，并进行及时调整。

（5）提供培训，确定共同目标。针对供应商企业中负责采购活动的相关人员提供专业化的技能培训，使其掌握准时采购的相关知识。同时，与供应商建立稳定的合作关系，确立共同的目标，促进采购活动中双方工作的相互协调。

（6）颁发质量免检证书。在严格检验和审查供应商提供的产品后，给其颁发产品免检证书。颁发给供应商的免检证书必须是最新的、正确的以及完整的产品质量文件。经长期检验合格后，所有采购货物可以直接从卸货点运往生产线，省去了检验入库的步骤。

（7）实现配合准时化生产的交货方式。准时采购是为了实现企业的准时生产，因此采购货物的运输也要配合企业的准时生产进行。

（8）不断完善和改进。准时采购是一个在发展过程中不断总结、改进和完善的过程。企业和供应商应从降低运输成本、提高运货准确性、提高产品质量等方面进行努力，以达到更好的采购效果。

第六章　供应链管理绩效评价与激励机制的深入探讨

供应链管理绩效评价作为一种重要的管理手段，其核心目的在于通过全面、系统地评估企业经营绩效，揭示企业在发展进程中可能存在的问题与挑战。这种评价方式不仅能够帮助企业精准地识别出自身的薄弱环节，还能为制定有针对性的改进措施提供有力的数据支持，进而推动企业不断优化运营流程，提升整体经济收益。

特别是在当今复杂多变的供应链管理环境下，每一个节点企业的运行绩效都显得尤为重要。其绩效水平不仅直接关系到该企业自身的生存与发展能力，更会对整个供应链网络中的其他企业产生深远的影响。一个节点企业的低效运作可能会引发供应链上的“牛鞭效应”，导致整个链条的成本上升、响应速度下降，最终损害所有相关企业的利益。

因此，对供应链管理进行绩效评价显得尤为必要和迫切。它不仅能够帮助各节点企业清晰地认识到自身在供应链体系中的定位与表现，还能通过设立明确的绩效标准和奖惩机制，激励各个企业都积极追求一流的绩效水平。当每个节点企业都能够以优化整个供应链为目标，不断提升自身的运营效率和服务质量时，整个行业的利润水平也将随之得到显著提升。

第一节　供应链绩效评价的独特性

供应链管理作为一种集成的管理模式，它通过前馈的信息流以及反馈的物料流和信息流，将供应商、制造商、分销商以及最终用户紧密地连接在一起。这种管理模式与单一企业的管理模式存在显著的差异，因此，对供应链运行绩效的评价也呈现出独特的特点。

一、从单个企业角度进行绩效评价的特点

从单一企业的视角来看，绩效评价主要聚焦于企业内部的职能部门或职工

个人，其评价指标展现出以下三个核心特征。

（1）数据来源的局限性。单一企业的绩效评价指标数据主要源自其自身的财务结果。这种数据来源在时间上存在滞后性，无法全面、及时地反映供应链的动态运营状况。

（2）评价范围的狭窄性。单一企业的绩效评价主要关注企业职能部门的工作完成情况，其评价范围相对有限。这种评价方式无法对企业的整体业务流程进行全面评价，也无法科学、客观地评估整个供应链的运营情况。

（3）事后分析的倾向性。单一企业的绩效评价指标主要侧重于事后分析，缺乏预见性。这意味着当企业发现问题时，往往已经遭受了损失，且这些损失往往难以弥补。

综上所述，为了更准确地衡量供应链的整体运作绩效，并帮助企业的最高管理层及时掌握供应链的运营状况，我们需要设计一种更适合于供应链绩效评价的指标和方法。这将有助于企业管理者作出更加明智的决策，以推动供应链的持续优化和发展。

二、供应链绩效评价指标的独特性

正确的供应链绩效评价指标应当具备全面性和系统性，能够准确反映供应链整体运营状况以及上下游节点企业之间的运营关系。它不仅关注某一个单独供应商的运营状况，而是将整个供应链作为一个有机整体进行考量。

以供应链上的某一供应商为例，如果该供应商提供的某种原材料价格低廉，但若仅以此作为评价标准，忽视其他关键环节，就可能得出供应链运行绩效良好的错误结论。实际上，如果下游节点企业仅考虑原材料价格，而不顾及其加工性能，选择了该供应商的原材料，但后续发现其加工性能无法满足生产工艺要求，那么这将导致生产成本增加，原材料成本低的优势也将被抵消。

因此，在评价供应链运行绩效时，必须综合考虑节点企业（或供应商）的运营绩效以及其对其他节点企业或整个供应链的影响。这样才能得出全面、正确的结论。

与单个企业绩效评价指标主要基于部门职能不同，供应链绩效评价指标是基于业务流程的。这种差异体现在评价的重点和范围上。单个企业绩效评价指标主要关注企业内部各部门的职能履行情况，而供应链绩效评价指标则更注重整个供应链的业务流程和节点企业之间的协同效应。这种差异如图 6-1、图 6-2 所示，凸显了供应链绩效评价指标的独特性和复杂性。

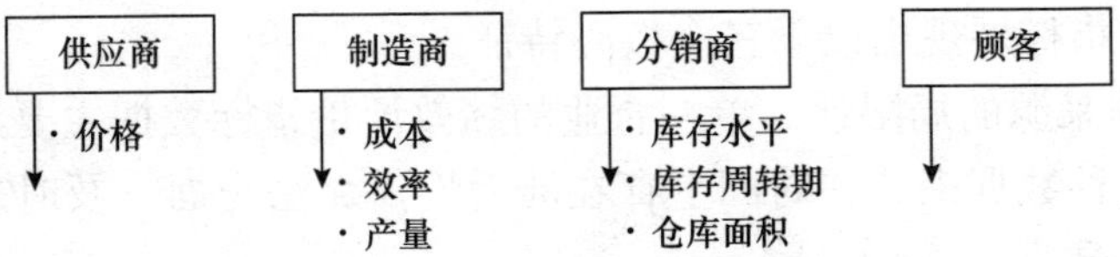

图 6-1　基于职能的绩效评价指标示意

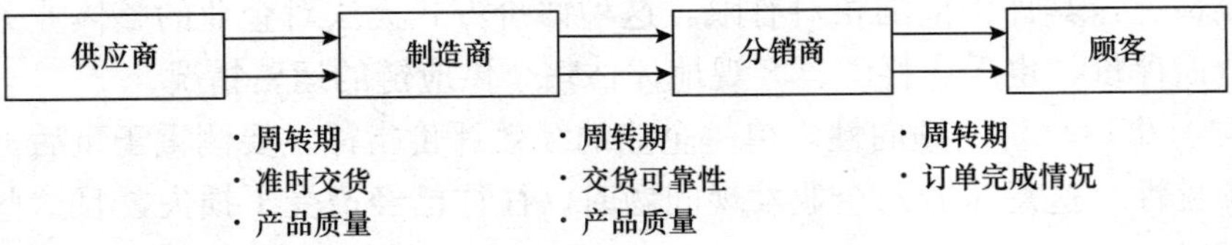

图 6-2　基于供应链业务流程的绩效评价示意

三、供应链绩效评价的核心目的

供应链绩效评价的目的主要体现在以下四个方面。

（一）评估供应链内各企业的表现

这一评价环节不仅关注每个企业的运营状况和效率，更注重其在供应链中的贡献和价值。通过这种评价，我们可以明确哪些企业在供应链中发挥了积极作用，哪些企业可能存在不足。这种激励机制有助于吸引更多有实力的企业加入供应链，同时剔除那些表现不佳、可能对供应链造成负面影响的企业。

（二）全面审视供应链的整体运行效果

这种整体性的评价能够让我们全面了解供应链的运行状况，及时发现潜在的问题和不足之处。通过这种全面的审视，我们可以及时采取措施解决存在的问题，避免因此带来的不必要损失。这种评价方式还能为供应链的组建、运营及撤销等关键决策提供有力的数据支持和客观依据。

（三）评价供应链内企业间的合作关系

此方面的评价尤其关注上游企业为下游企业所提供的产品或服务的质量。通过收集和分析用户满意度等关键数据，我们能够客观地评估上下游企业之间的协同效率和效果，进而判断合作关系的紧密程度和成效。这种评价方式有助于识别并强化那些对供应链有积极贡献的合作关系，同时调整或优化那些效果不佳的合作关系。

（四）激励企业提升表现

通过对各企业的绩效进行定期评估，不仅能够让各成员企业了解自身的优势和不足，还能激发它们内在的改进动力。这种激励作用在供应链中是双向的，既包括核心企业对非核心企业的激励，也包括供应链各环节之间的相互激励。通过这种评价方式，我们能够推动供应链中的各个企业不断提升自身运营效率和效果，共同为供应链的优化和发展贡献力量。

第二节　供应链绩效评价方法的探讨

鉴于传统企业绩效评价体系存在的诸多缺陷与不足，以及供应链管理在现代企业中的日益重要地位，企业有必要顺应时代发展潮流，将绩效评价的重心从传统的企业层面转向基于供应链管理的层面。为了确保供应链管理绩效评价的客观性与科学性，企业应当选择与之相匹配、恰当的绩效评价方法。

一、基于关键绩效指标（KPI）的评价方法

关键绩效指标评价（Key Performance Indicators，KPI）是一种绩效评价方法，它侧重于提取并衡量那些事先得到广泛认同的、对企业成功至关重要的关键要素。这些被提取的要素，即关键指标 KPI，都是可测量和可量化的。KPI 的核心思想基于 80/20 原则，意味着供应链或企业应聚焦于那些最主要的关键因素，特别是那些与实现战略目标最为密切的 20% 的关键绩效指标。

（一）KPI 方法的主要特征

1．体现供应链战略目标

KPI 所衡量的所有内容都必须与供应链的整体战略目标保持一致。当采用关键绩效法对供应链管理进行评价时，如果 KPI 明确体现了供应链的战略目标，那么被评价的对象就更倾向于以实现供应链战略目标的相关部分作为其主要职责。反之，如果 KPI 与供应链战略目标不符，那么被评价对象的努力可能会偏离战略方向。因此，从本质上说，KPI 是对供应链战略目标的进一步细化和发展，将长期、指导性的战略目标转化为具体的、针对各结点企业、部门、职位的当年工作绩效指标。

2．衡量重点经营活动领域

在供应链环境下，各结点企业的工作职责各不相同，其中核心企业的工作通常比辅助性企业更为重要，高层管理人员的工作任务也比普通员工和中层管理者更为复杂。KPI 主要衡量那些对供应链目标具有重要影响的工作，而不是对所有操作环节进行全面监督和反映。

3．衡量可控因素

供应链经营活动的最终成绩是内外因共同作用的结果。其中，内因是各结

点企业可以控制和影响的部分，也是KPI衡量的重点。在使用关键绩效法时，应尽量反映结点企业运营的直接可控效果，并剔除那些由他人或环境因素造成的负面影响。

4．供应链结点企业一致认同

需要注意的是，KPI并不是由核心结点企业强行下发的，也不是企业内部自行制定的，而是由核心企业与链上其他企业共同参与、确定下来的，体现了双方的一致意见。

（二）确立KPI体系的过程

1．子目标与主业务流程的对接

供应链的总体战略目标由核心企业设定，其他企业的战略需与此保持一致。通常，供应链战略可被分解为若干具体的支持性子目标，而这些子目标的实现需要供应链中某些主要业务流程的支撑。因此，在目标与主业务流程的对接环节，需完成以下任务。

（1）核心企业明确整个供应链的总体战略目标。

（2）非核心结点企业的高层根据供应链战略，制定本企业的总体战略目标。

（3）核心企业将战略目标细化为主要的支持性子目标，如图6-3所示。

（4）在供应链的主要业务流程与支持性子目标之间建立对应关系。

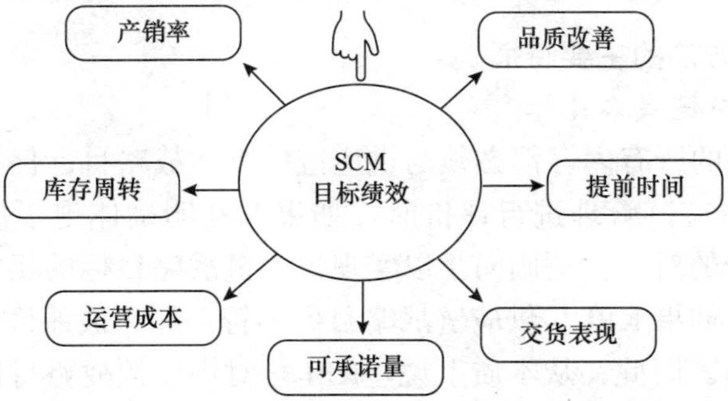

图6-3　供应链绩效评价准则指标

2．确定支持性业务流程目标

在明确了各战略子目标的支持性业务流程后，需要进一步确定这些业务流程在支持战略子目标达成的前提下的总体目标。以表6-1为例，该流程的总体目标是降低成本，并快速满足客户对产品质量和服务的要求。为了实现这一目标，可以从客户要求和组织目标要求两个方面将其详细分解为四个部分。例如，为了满足客户要求的产品价格降低，企业需要提高产品设计质量，供应链则应引进成熟技术来弥补自身的不足。表中的其他内容也遵循类似的逻辑，空白部分表示该要求与特定目标不相关或存在一定的冲突。

表 6-1　流程总目标分解确认的九宫图法示例

流程总目标：低成本、快速满足客户对产品质量和服务的要求		供应链目标要求（客户满意度高）			
		产品性能指标：合格品率	服务质量满意率	工艺质量合格率	准时发货率
		产品设计质量	工程服务质量	生产成本	产品交付质量
客户要求	质量	产品设计好	安装能力强	质量管理	发货准确
	价格低	引进成熟技术			
	服务好		提供安装服务		
	交货周期短			生产周期短	发货及时

3. 业务流程与职能部门关联

实现供应链战略目标的核心在于主业务流程的执行，这一流程是由供应链上各个节点企业共同协作完成的。为了明确业务流程与职能部门之间的关系，我们可以运用九宫图的方法，将供应链的业务流程与各项职能部门的工作职能对应起来。这样，在更细化的部门层面上，我们可以建立起流程、职能与绩效指标之间的关联，从而为供应链的总体战略目标与各节点企业部门的绩效指标之间搭建起桥梁。以新产品开发为例，表 6-2 展示了在不同流程阶段，各职能部门所需完成的具体任务。通过识别各职能部门在不同业务流程中应承担的角色和任务，我们可以有效地建立起业务流程与职能部门之间的联系。

表 6-2　确认业务流程与职能部门联系的九宫图法示例

流程：新产品开发	各职能所承担的流程中的角色				
	市场部	销售部	财务部	研究部	开发部
新产品概念选择	市场论证	销售数据收集		可行性研究	技术力量评估
产品概念测试		市场测试			技术测试
产品建议开发			费用预算	组织预研究	

4. 提炼部门级 KPI 指标

此处所指的“部门”概念较为广泛，它不仅包含了传统企业内部的各个部门，还涵盖了供应链节点企业在协作过程中形成的虚拟团队部门。本环节的核心任务是从前三个环节中建立的流程重点、部门职责之间的关联中提取出部门级的 KPI 指标。具体操作步骤包括：对测量主体、测量对象和测量结果这三个方面，分别从时间、成本、质量和数量上进行深入细致的分析；以此为基础推导出部门级的 KPI，如表 6-3 所示。

表 6-3　部门级 KPI 指标提取示例

		关键绩效指标维度			指标
		测量主体	测量对象	测量结果	
绩效度量维度	时间	效率管理部	新产品开发	上市时间	新产品上市时间
	成本	投资部门	生产过程	成本高低	生产成本率
	质量	顾客管理部	产品与服务	满足程度	客户满意率
	数量	能力管理部	销售过程	收入总额	销售收入

5．职位层面的进一步分解

在完成了前述环节后，我们已经有了一个从宏观供应链目标到微观部门职责的清晰框架。接下来，我们需要基于已确定的“部门”KPI、业务流程以及各个职位的明确职责，来构建一个涵盖供应链目标、节点企业目标、业务流程、职能部门和具体职位五个层次的统一体系。

以新产品开发流程为例，其整体目标是发现并解决客户问题，确认并满足客户需求，从而发掘新的商业机会。这个目标的衡量指标可以是新发现的商业机会数量或这些机会的质量。为了实现这一目标，企业的市场部将扮演关键角色，他们需要通过深入的客户调研和市场分析来制定有效的市场策略，并指导市场活动的执行。

在市场部内部，不同的职位将共同分担这些任务，但具体职责会有所不同。例如，市场调研分析师可能主要负责收集和分析客户数据，以识别市场趋势和客户需求；而市场策划专员则可能更侧重于编制具体的市场策略和推广计划。尽管他们的具体工作内容不同，但都是为了实现市场部乃至整个供应链的共同目标而努力。

通过这样的分解，我们不仅确保了每个职位的工作都与供应链的整体战略紧密相连，还为每个职位设定了明确、可衡量的绩效指标（表 6-4）。这不仅有助于提升员工的工作效率和工作满意度，也为企业的持续发展和改进奠定了坚实的基础。

表 6-4　KPI 进一步分解到职位示例

<table>
<tr><th colspan="2" rowspan="2">流程：新产品开发</th><th colspan="2" rowspan="2">市场部部门职责</th><th colspan="4">部门内职位职责</th></tr>
<tr><th colspan="2">职位一</th><th colspan="2">职位二</th></tr>
<tr><th>步骤</th><th>指标</th><th>产出</th><th>指标</th><th>产出</th><th>指标</th><th>产出</th><th>指标</th></tr>
<tr><td rowspan="4">发现客户问题，确认客户需求</td><td rowspan="4">发现商业机会</td><td rowspan="4">市场分析与客户调研</td><td>市场占有率</td><td rowspan="4">市场与客户研究成果</td><td>市场占有率增长率</td><td rowspan="4">市场策略</td><td>市场占有率增长率</td></tr>
<tr><td>销售预测准确率</td><td>销售预测准确率</td><td>销售预测准确率</td></tr>
<tr><td>市场开拓投入率降低率</td><td>客户接受成功率提高率</td><td>销售毛利率增长率</td></tr>
<tr><td>市场领先周期</td><td>领先对手提前期</td><td>销售收入月增幅度</td></tr>
</table>

二、基于财务指标的评价方法

供应链的运作效果，其最终体现是在企业的财务报表之中，因此，将供应链的评价系统与供应链运营的绩效和财务状况紧密相连，显得尤为必要。这样的联系有助于我们更全面、更深入地理解供应链的运营实效，同时也为企业的决策提供有力、准确的数据支持。

（一）会计核算法的解析与应用挑战

企业会计核算的财务报表，主要包括资产负债表和损益表，这两者是反映企业财务状况和经营成果的重要工具。资产负债表如同一张企业的“快照”，能够清晰地展示出企业在特定时点的资产、负债以及所有者权益的状况，其目的在于全面总结企业的资产和负债，并准确指明所有者权益的净值。而损益表则如同一部“电影”，生动地反映出企业在特定时期内与特定运作相关的收入和成本的变化情况。

然而，在供应链绩效评价的舞台上，传统的会计方法却显得有些“力不从心”。具体来说，传统的会计方法在物流成本统计方面存在明显的不足，这使得它无法充分满足供应链绩效评价的相关需求。这种不足主要表现在以下三个方面，对供应链绩效评价构成了显著的挑战。

1. 传统会计方法的成本累计方式存在局限性

传统会计方法倾向于将支出归类为标准科目，例如工资、租金、公共事业费用和折旧等，而非基于具体活动进行成本累计。这种方式难以准确确定和分配运作责任。尽管损益表通常会按照企业的管理或组织领域进行进一步划分，以细化成本，但在实际操作中，许多与物流绩效相关的费用在组织单元内是相互交织的。例如，减少库存可以降低库存持有成本，但可能导致订单延误和运输成本增加。这些因素导致企业对绩效进行会计核算时，所得结果往往既不准确也不充分。

2．传统会计方法对运费的处理不当

在传统会计核算体系中，运费的处理方式常常显得不够严谨和科学。一种常见的做法是，将运入货物的费用从销售总额中扣除，并将其作为商品成本的一部分来计算毛利；而运出货物的费用则通常被视为运营支出进行处理。然而，这种做法在实际操作中往往会导致一些问题。例如，在许多采购项目中，运费并不总是以单独的成本项形式出现。更多的时候，当商品以交付价格进行采购时，其价格已经包含了运输成本。这种情况下，如果仍然按照传统方式进行处理，就很容易忽视运费成本的真实情况，从而无法准确反映供应链中运输环节的实际成本状况。

3．传统会计方法在库存成本处理上的不足

除了上述两个问题，传统会计方法在库存成本的处理上也表现出明显的短板。一方面，与库存维护相关的全部成本（如保险费、税金等）往往没有得到准确确定和全面反映，这导致报告的库存成本信息不完整、不真实；另一方面，对于投入到原材料、在制品以及产成品库存中的资产所承担的财务负担也没有进行明确的测量和披露，更没有从企业其他形式的资产费用中进行有效分离。更为严重的是，如果一个公司使用内部资金来支持其库存需求的话，那么在其损益表中很可能根本不会显示出相关的资本支出项目。这无疑进一步加剧了库存成本信息的失真问题。

为了有效应对传统会计核算方法的这些局限性，并推动供应链绩效评价的改进与提升，我们必须对传统方法进行必要的改进和完善。特别是在处理运输和库存项目时，我们需要给予足够的重视和关注以确保相关信息的准确性和完整性。同时，为了实现降低成本和提高运作效率的目标，企业还需要采用恰当的方式来全面确定并收集所有与成本相关的信息数据。有效的成本核算体系必须能够明确识别并计量每一项具体费用支出情况，包括运用如贡献毛利法、净利润法等先进的分析框架来辅助决策和优化管理过程。

（二）贡献毛利法

贡献毛利法在企业中的应用，首要任务是明确两种成本分类：固定成本与可变成本，直接成本与间接成本。

1．固定成本与可变成本的界定

（1）固定成本。这类成本不随业务活动量的增减而变动，如运货卡车的购置成本，无论使用频率如何，支出都保持不变。

（2）可变成本。随业务活动量变化而变化的成本，例如汽油费，它随卡车行驶的频率和距离的增加而增加。

2. 直接成本与间接成本的区分

（1）直接成本。由特定产品、客户或其他相关因素直接引起的成本。若这些因素不存在，则直接成本也会减少或消失。所有可变成本及某些专门支持特定业务部分的固定成本均属于此类。

（2）间接成本。与产品和服务难以直接量化的资源投入成本，如固定资产折旧、管理费用和营销费用。这些成本因难以直接量化而常被忽视。

通过贡献毛利法，企业能够分析每个部门的盈利能力，方法是通过区分固定成本、可变成本、直接成本和间接成本。以表 6–5 为例，分析一家公司的两个客户收益率时，会考虑与每个客户销售的产品直接相关的可变成本（如直接人工、原材料和供应商成本），以及可以直接追溯到某个客户的任何其他固定直接成本。间接固定成本则包括不易直接追溯到特定客户的费用，如公共仓库、运输设备和其他共用资源的成本，以及企业的一般管理费用，这些都被归类为间接成本。

表 6–5　两个客户的贡献毛利损益

项目	客户 A	客户 B	总计
收入	100 000	150 000	250 000
减：销售产品可变成本	42 000	75 000	117 000
可变毛利润	58 000	75 000	133 000
减：可变直接成本	6 000	15 000	21 000
部门总体贡献毛利	52 000	60 000	112 000
减：固定直接成本	15 000	21 000	36 000
部门净贡献毛利	37 000	39 000	76 000
减：间接固定成本			41 000
净利润			25 000
部门净贡献毛利率	37%	26%	30.4%

（三）净利润法概述

净利润法是一种要求将运营成本分配到各个部门的会计方法，其基于的前提是公司的所有活动都是为了支持生产、产品配送及服务客户。在实际操作中，许多公司的成本都是联合或分摊的，因此，为了准确评估分销渠道、区域或产品的真实盈利能力，必须将这些成本公平地分配到每个部门。以表 6–5 为例，若按销售量分摊间接成本，客户 A 将承担 40%，即 16 400 元，而客户 B 则承担 60%，即 24 600 元。据此计算，客户 A 的净利润为 20 600 元，客户 B

为 14 400 元。然而，简单地按销售量分摊间接成本可能引发问题，因为这种方法可能过于主观，从而影响财务评价的准确性。因此，依赖销售量进行成本分摊的做法存在其局限性。

（四）作业成本法简介

作业成本法（Activity-Based Costing，ABC）是一种将成本追溯到具体执行活动，并将这些活动与特定产品或企业客户相关联的会计方法。在之前的案例中，订单处理费用是一个固定的间接成本，总额为 5 000 元。若按销售量分摊，客户 A 将承担 2 000 元，客户 B 承担 3 000 元。但考虑订单的实际处理情况，客户 A 可能一年下单多次，每次数量较少，而客户 B 则下了几笔大订单。若A下了80单，B下了20单，按作业成本法，A将承担费用的80%，即4 000元，B 则承担 20%，即 1 000 元。通过识别活动与成本的动因，并将这种逻辑应用于其他间接固定成本，作业成本法能够更准确地计算出客户的收益率。

三、基于 SCOR 模型的绩效评价方法

1996 年，美国供应链协会推出了供应链运作参考模型（Supply Chain Operations Reference Model，SCOR），这一模型为不同工业领域提供了统一的绩效评价标准。尽管 SCOR 模型主要被视作供应链的诊断工具，但它同样适用于评价和改进供应链的运作绩效。在 SCOR 模型中，供应链被描绘为由计划、采购、制造、交付和退货这五个核心功能环节交织而成的复杂网链。

（一）SCOR 标杆分析法的应用

标杆分析法是一种有效的绩效评价方法，它要求企业在收集内部供应链绩效指标数据的基础上，进一步整合竞争者和行业内的绩效数据，以便与标杆绩效进行全面对比。

实施标杆分析法的具体步骤如下：首先，通过绘制供应链运作流程图，系统地收集内部供应链的绩效指标数据。其次，明确标杆的供应链绩效指标，并从计划、采购、生产、交付、退货等基本流程入手，将内部绩效与标杆绩效进行细致的比较，以发现潜在的改进空间。例如，可以着重寻找流程中的重复或间断环节，识别出非增值或无效的作业流程，从而有针对性地解决绩效不佳的问题。最后，通过头脑风暴法等方法选择合适的绩效指标，并探索有效的解决方案，最终构建出目标供应链运作流程图，为供应链的持续优化提供明确的方向。

（二）SCOR 模型的改进维度与应用原则

在应用 SCOR 模型时，需遵循一个核心原则，即要从多个维度出发，全面描述、测评并改进供应链的绩效。这一方法的实施难点在于，它要求企业在可靠性、反应速度、柔性、运作成本和资产管理等关键方面均表现出色，见表

6-6。具体而言，可靠性、反应速度和柔性这三个维度主要聚焦于企业如何更好地服务外部客户，而运作成本和资产管理则更多地关注企业内部绩效的优化与提升。为了有效应用 SCOR 模型，企业需在这些关键维度上取得平衡，确保供应链的全面优化。

表 6-6　供应链运营性能指标

供应链五大维度	衡量指标	面向客户			面向内部	
		可靠性	反应速度	柔性	运作成本	资产管理
供应链供应可靠性	按时交付率	√				
	可供货率	√				
	完美供货率	√				
供应链反应速度	供货提前期		√			
供应链的柔性	供应链响应时间			√		
	生产的柔性			√		
供应链运作成本	产品销售成本				√	
	供应链管理总成本				√	
	增值生产率				√	
	保修 / 返修成本				√	
供应链资产管理	现金周转时间					√
	存货供应天数					√
	资金周转次数					√

在对供应链绩效进行多维度、全面的描述和测评时，其核心出发点应当是确保能够最大限度地满足客户需求，同时谨慎权衡成本的增长，并致力于加速资产的流动，以期最终提升整个供应链的经济收益。

1. *供应链的反应速度*

反应速度是指供应链将产品迅速送达客户的能力，它直接体现了供应链的响应效率。这一速度可以通过具体的衡量指标来评估，如供货提前期，即供应链完成客户订单所需的提前时间。这一指标是衡量供应链反应速度的重要参考。

$$\text{平均订单完成提前期}=\frac{\text{所有订单运输的实际提前时间}}{\text{运送订单的总数}}$$

2．供应链供应可靠性

供应可靠性指的是企业能否在正确的时间将正确质量的产品交付正确的地点、正确的客户。其衡量指标主要包括三个方面。

（1）按时交付率。

按时完成订单占订单计划的比率，其计算公式为：

$$按时交付率=\frac{准时足额发货的订单数量}{订单总数}$$

（2）可供货率。

成品库接到订单 24 小时内发运的比率，其计算公式为：

$$可供货率=\frac{收到订单24小时内从仓库发货的订单数}{收到订单的总数}$$

（3）完美供货率。

完全按客户订单执行的履行比率，其计算公式为：

$$完美供货率=\frac{准时足额发货的订单数量-文档资料有错误的订单-有运送损坏的订单}{全部订单总数}$$

3．供应链的资产管理

供应链的资产管理关注的是组织在满足需求时利用资本的有效性，这涵盖了固定资本和运营资本等各类资本的利用情况。它直接反映了供应链在资产管理方面的效率。衡量这一效率的指标包括以下三项。

（1）现金周转时间：通过计算“库存的供应天数＋应收款账龄－应付款账龄”来得出。

（2）存货供应天数：即存货周转天数，通过“365 天 / 存货周转次数”或“库存总值 /（商品销售成本 /365）”来计算。

（3）资金周转次数：通过“产品销售总额 / 总资产净值”或“产品销售总额 / 总流动资金”来衡量。

4．供应链的运作成本

供应链的运作成本是指供应链在运营过程中所消耗的成本。衡量这一成本的指标有如下四个。

（1）产品销售成本：包括物料采购、生产、运输、仓储、配送和退货等成本。

（2）供应链管理总成本：涵盖了信息系统成本、财务和计划费用、库存运转成本、材料采购成本、订单管理费用等直接和间接费用。

（3）增值生产率：通过“（总收入－总材料采购费）/ 总雇员数”来计算。

（4）保修 / 返修成本：包括材料、人工和问题诊断工具的所有相关费用。

5．供应链的柔性

供应链的柔性是指供应链在面对市场变化时获得和维持竞争优势的灵活性。衡量这一柔性的指标如下。

（1）供应链响应时间：通过“订单履行提前期 ＋ 原材料周转时间”来计算。

（2）生产的柔性：包括向上的柔性（即无事先计划下增产20%所需的天数）和向下的柔性（即在没有存货和损失的情况下能够承受30天提前运送订单减少的百分比）。

在实际应用中，企业可以根据不同绩效评价方法之间的联系，灵活地将这些方法结合起来使用，以完善其绩效评价方法体系。这样，企业便能够通过评价方法的集成获得更加全面和准确的绩效评价结果。

四、基于平衡计分法的供应链绩效评价

供应链绩效评价的核心在于评估供应链能否为企业增加价值，这不仅涉及对当前供应链下企业绩效的考核，还涵盖对其长期发展潜力的考量。

（一）财务价值维度

传统上，企业的财务指标主要基于现金流和传统的财务会计制定，这往往导致对企业未来盈利能力的激励不足。为了弥补这一缺陷，供应链平衡计分卡的指标应注重促进企业的成长和制定长远目标。具体而言，其财务指标主要包括以下四个方面。

（1）现金周转率。这是衡量供应链整个流程的关键性指标，它评价了供应链运作过程中现金从原材料、劳动力、在制品、完工产品到最终转化为现金的全过程。通过先进的信息技术以及产品流集成，协调合作伙伴之间的运作，可以加快现金周转的速度。

（2）供应链资本收益率。该指标通过计算客户的利润与在此期间使用的供应链平均资产的比率，来反映资产的增值性绩效。

（3）客户销售增长与利润。这一指标体现了主要客户在供应链产品上的年销售收入和利润率的增长情况。它反映了供应链下游在客户销售量年增长、特定客户服务收益随合作关系增进而提高以及接受服务基数增加这三个主要方面的绩效。

（4）供应链的库存天数。该指标反映了资本在供应链运营中以库存形式占用的天数，它等于某个时期内物料、在制品、产品库存等形式占用的总时间。这一指标有助于评估供应链的库存管理效率。

（二）顾客导向维度

在供应链管理的全过程中，客户管理是一个至关重要的环节。这需要我们深入了解客户的需求，并评估满足这些需求的程度，以便及时调整供应链的经

营策略和方法。因此，在选择评价指标时，我们应聚焦于那些能够体现客户意志、反映客户需求的指标。这些指标既可以是反映客户价值、客户反馈的一般性指标，也可以是专注于客户价值等特定范畴的指标，如服务质量、柔性、成本等。

1．客户保有率

值得强调的是，供应链利润的长久来源在于核心客户。为了通过特定的客户群体来保持或增加市场份额，企业应与客户保持紧密的联系，充分满足他们的需求，并允许客户积极参与产品的合作开发设计，从而使客户成为持久利润的来源。

2．供应链订单完成的总周期

这一指标用于评价整个供应链对客户订单的总体反应时间，是衡量供应链效率的重要标准。

3．客户对供应链柔性响应的认同度

该指标主要用于评价客户对供应链提供服务的个性化和响应速度的满意度，是反映供应链客户服务质量的重要指标。

4．客户价值率

客户价值率指的是客户对供应链所提供服务的满意度与服务过程中发生的成本进行比较之后，所得到的价值比。该指标主要侧重于导致客户发生的成本。其计算公式为：

$$客户价值率=\frac{调查评价值}{每份订单的成本}$$

其中，调查评价值可以通过评价服务的满意值（如通过标杆法得到比较值）得到。

（三）运营能力维度

客户绩效指标的实现需要转化为内部流程指标，这与供应链成员的生产运营绩效紧密相连。运营能力维度主要关注供应链内部流程的效率和效果，其指标主要包括以下四个方面。

1．供应链有效提前期率

这一指标反映了供应链在完成客户订单过程中，有效的增值活动时间占订单响应时间的比率。它衡量了供应链在响应客户需求时的增值效率。同时，库存闲置率也是一个相关指标，它反映了供应链中库存闲置时间与库存移动时间的比率，揭示了库存在整体运作中的时间占用情况。

2．供应链持有成本

该指标主要考核物流系统运作的有效性和成本的集约性，体现了供应链在持有库存和进行物流活动时的成本控制能力。

3．供应链生产时间柔性

这一指标衡量了供应链在面对市场需求变动时，非计划产量增加一定比例后，内部重新组织、计划、生产的时间。它反映了供应链的生产灵活性和应对市场变化的能力。

4．供应链目标成本达到比率

该指标从单一产品和流程的角度分析，评估了供应链在质量、时间和柔性上的流程改进是否达到了企业预定的目标成本。它体现了供应链在成本控制和流程优化方面的绩效。需要注意的是，非财务指标在准确分析业务改进幅度方面存在困难，因此需要通过量化指标的处理来更准确地揭示事物的本质。

（四）学习成长

供应链的未来发展与成长将直接关联到其价值创造。供应链的改进是一个持续动态的过程，可以通过以下四个方面来实施。

（1）重新设计产品及其相关流程，以优化供应链的整体效能。

（2）通过企业间的集成，有效调节和整合组织间的活动，实现供应链的无缝对接。

（3）持续改进供应链的信息流管理，确保各个合作伙伴能够共享决策支持所需的准确信息，提高供应链的响应速度和协同效率。

（4）每个供应链都需要保持对外部市场的敏感性和警觉性，以便及时捕捉潜在威胁和机遇，并据此重新定义供应链的核心价值。

在改进企业绩效评价时，需要关注新产品开发周期、新产品销售比率以及流程改进效率等方面。具体的评价指标主要包括以下两项。

第一，产品最终组装点。这一指标能够反映出延迟制造在当前供应链中的重要性日益凸显。

第二，组织之间数据共享的占比。因为实现供应链信息共享是长期维持供应链合作伙伴关系良好的一个关键因素，它能够促进供应链成员之间的协同合作和信任建立。

第三节　构建供应链绩效评价指标体系

随着供应链管理理论的持续演进和实践活动的不断深化，为了更加科学、客观地反映供应链的运营实况，我们应当建立一种与之相契合的供应链绩效评价方法，并据此制定出一套全面的绩效评价指标体系。这套指标体系独具特色，相较于传统的企业评价指标，其涵盖范围更为广泛，不仅关注供应链各环节的运营效率，还全面衡量上游企业是否具备充分满足下游企业或市场需求的能力。

一、构建供应链绩效评价体系应遵循的原则

为了在实际操作中建立有效评价供应链绩效的指标体系，企业应遵循以下原则。

（1）选择能够真实反映供应链业务流程的绩效指标，确保评价体系的针对性和适用性。

（2）在构建评价体系时，要突出重点，对关键绩效指标进行深入分析和重点关注。

（3）评价指标应具备全面性，能够反映整个供应链的运作情况，而非仅限于某个单一节点企业的运作状况。

（4）采用实时分析与评价的方法，将评价范围扩展到能够反映供应链实时运作的信息上，以便企业及时进行预测，并采取相应的解决措施或避免问题的产生。

（5）在评价供应链绩效时，应将评价对象扩展到供应链上的相关企业，确保评价指标能够全面反映供应商、制造商及用户之间的关系，从而实现供应链的整体优化。

二、供应链业务流程的绩效评价指标概述

供应链业务流程的绩效评价指标，是针对从最初供应商到最终用户的整条供应链而设计的。为了全面、客观地反映供应链的运营绩效，并确保指标的实际可操作性，我们需要综合考虑以下几个关键指标。

（一）产销率指标

产销率指的是，在一定时间内已销售出去的产品与已生产的产品数量的比值，其计算公式为：

$$\text{产销率}=\frac{\text{一定时间内已销售出去的产品数量}(S)}{\text{一定时间内生产的产品数量}(P)}$$

由于 $S \leqslant P$，因此产销率总是小于或等于 1。

产销率指标又可分成如下三个具体的指标。

1．供应链节点企业的产销率

该指标反映供应链节点企业在一定时间内的经营状况。

$$\text{供应链节点企业的产销率}=\frac{\text{一定时间内节点企业已销售产品数量}}{\text{一定时间内节点企业已生产的产品数量}}$$

2．供应链核心企业的产销率

$$供应链核心企业的产销率=\frac{一定时间内核心企业已销售产品数量}{一定时间内核心企业已生产的产品数量}$$

该指标反映供应链核心企业在一定时间内的产销经营状况。

3．供应链产销率

$$供应链产销率=\frac{一定时间内供应链节点企业已销售产品数量之和}{一定时间内供应链节点企业已生产的产品数量之和}$$

该指标用于衡量供应链在一定时间内的产销经营状况，其时间单位灵活多变，可以是年、月、日，甚至随着供应链管理水平的不断提升，时间单位的取值已经精细到以天为单位。这一指标有效揭示了供应链资源（涵盖人力、财力、物力、信息等）的利用效率，产销率越接近1，意味着企业资源的利用程度越高，显示出供应链运营的卓越成效。同时，该指标也从侧面反映了供应链的库存控制能力和产品质量水平，其结果越接近1，表明供应链成品的库存量越低，进一步体现了供应链管理的高效性。

（二）平均产销绝对偏差指标

$$平均产销绝对偏差=\sum|P_i-S_i|/n$$

式中　n——供应链节点企业的个数；

P_i——第 i 个节点企业在一定时间内生产产品的数量；

S_i——第 i 个节点企业在一定时间内已生产的产品中销售出去的数量。

该指标反映在一定的时间范围内供应链总体库存水平，所得的值越大，就说明供应链成品库存量越大，库存费用也就越高。反之，则说明供应链成品库存量越小，库存费用也越低。

（三）产需率指标

产需率指的是在一定时间范围内，节点企业已经生产的产品数量与其上层节点企业（或用户）对该产品的需求量之间的比值。其具体还可以分为两个指标。

1．供应链节点企业产需率

$$供应链节点企业产需率=\frac{一定时间内节点企业已生产的产品数量}{一定时间内上层节点企业对该产品的需求量}$$

该指标反映了上、下层节点企业之间的供需关系。产需率的值越接近1，则说明上、下层节点企业之间的供需关系较为协调，准时交货率高；反之，则说明下层节点企业准时交货率较低。

2．供应链核心企业产需率

$$供应链核心企业产需率=\frac{一定时间内核心企业生产的产品数量}{一定时间内用户对该产品的需求量}$$

该指标反映了供应链在整体上的生产能力和快速反应市场能力。如果该指标的数值大于或等于1，就说明供应链繁荣整体生产能力较强，对市场需求快速作出反应，市场竞争能力较强；如果该指标的数值小于1，则说明供应链的总体生产能力不达标，不能对市场需求作出快速反应。

（四）专利技术拥有比例

$$专利技术拥有比例=\frac{供应链企业群体专利技术拥有量}{全行业专利技术拥有量}$$

该指标可以反映出供应链的核心竞争能力。该指标的数值越大，就说明供应链整体的技术水准高，核心竞争能力强，其产品不容易被对手模仿。

（五）新产品开发率

$$新产品开发率=\frac{在研究新产品数+储备新产品数+已投产新产品数}{现有产品总数}$$

该指标反映了供应链的产品创新能力。该指标的数值越大，则说明供应链整体的产品创新能力和快速反应市场能力都越强，拥有更好的发展潜力。

（六）供应链核心企业产品成本指标解析

供应链核心企业的产品成本是衡量供应链管理水平的一个重要指标。首先，我们需要根据核心企业产品在市场上的当前价格来确定产品的目标成本，然后向上游追溯，确定各供应商提供的原材料和配套件的目标成本。只有当目标成本低于市场价格时，企业才有可能实现盈利，供应链也才能获得更好的发展。

（七）供应链产品质量指标概述

供应链产品质量是指供应链中各个节点企业（包括核心企业）所生产的产品或零部件的质量。这一指标主要涵盖合格率、废品率、退货率、破损率以及破损物价值等多个方面，全面反映了供应链中产品的质量状况。

（八）供应链总运营成本指标及其构成

供应链总运营成本是由供应链通信成本、供应链总库存费用以及各节点企业外部运输总费用三个部分组成，这一指标能够反映出供应链运营的效率。具体来说，供应链通信成本包括各节点企业之间的通信费用，如EDI、互联网的建设和使用费用，以及供应链信息系统的开发和维护费用等。供应链总库存费用则涵盖了各节点企业在制品库存和成品库存的费用，以及各节点之间在途库存的费用。而各节点企业外部运输总费用则是供应链所有节点企业之间运输费用的总和。

三、供应链分销渠道绩效评价标准的探讨

评价供应链的绩效是一项颇具挑战性的任务，因为供应链的某些方面难以

量化，且不同行业的供应链各具特色，这使得建立一个统一、通用的评价标准变得异常困难。然而，在生产实践中，我们经常需要通过分析分销渠道的有效性来及时作出反馈，因此，进行绩效评价显得尤为重要。

在评价供应链分销渠道的绩效时，通常可以采用定性法和定量法两种方法。定性评价法主要应用于评估分销渠道成员的协作程度、矛盾冲突的程度以及所需信息的可获得程度。而定量评价方法则主要用于评估每单元的分销成本、履行订单的出错率以及商品的破损率等具体指标。

除了上述方法，企业还可以根据目标市场顾客的满意程度来评价分销渠道的绩效。这种评价范围包括产品在店铺中的可获得性、顾客服务的充分性以及企业品牌形象的优势等。同时，评价分销渠道结构的有效性还可以涉及渠道成员的营业额和渠道中的竞争力量等相关问题。

从当前企业发展的实际情况来看，评价分销渠道绩效尚未形成通用的标准。因此，企业可以根据自身的战略目标、运营环境以及顾客的特殊需求等因素，设计出一个适合自身企业的评价标准。表 6-7 中该标准将主要的评价标准分为三类进行列示，以便企业更好地进行分销渠道的绩效评价。

表 6-7　分销渠道绩效评价标准

顾客服务	宏观生产率	微观生产率
库存补充速度	物流成本占销售额的百分比	每单位的仓库成本
订单完成百分率	运输成本占销售额的百分比	库存破损
运送提前期	累计库存成本	运输成本（吨 / 千米）
订单、运货单、票据出错率	定期补充的库存量	回程空载率

四、供应链企业间绩效评价指标探讨

（一）基于供应链层次结构模型的绩效评价指标

供应链上、下节点企业之间的绩效评价指标是建立在供应链层次结构模型的基础之上的。这一模型要求我们对每一层的供应商都进行逐一的评价，以便发现供应链中存在的问题，并找到相应的解决方法，从而实现对供应链管理的优化。在这个模型中，供应链被视为由不同层次的供应商组成的递阶层次结构，其中上层供应商可以被看作其下层供应商的用户。这种层次结构模型为我们提供了一种理解和评价供应链企业间关系的新视角，如图 6-4 所示。

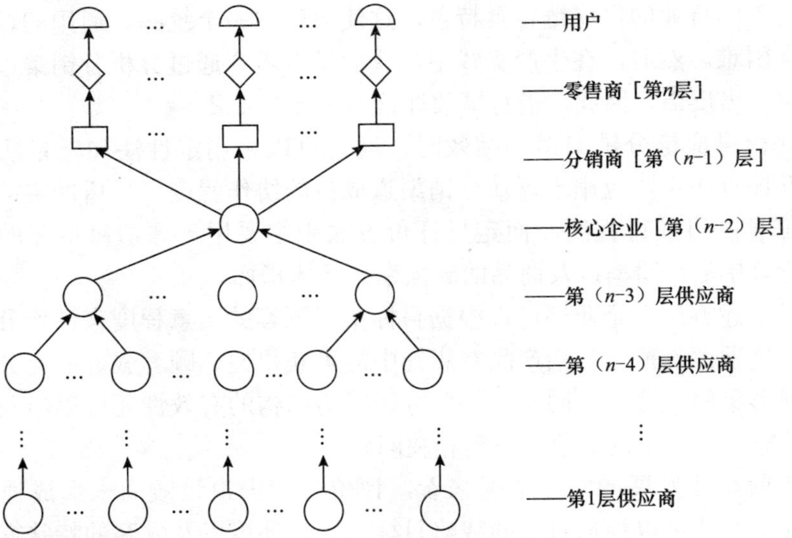

图 6-4　供应链层次结构模型示意

（二）供应链上、下节点企业关系绩效评价指标解析

供应链作为一个由多个节点企业共同构成的网络结构，在运行过程中必然面临供应商选择、供应商绩效评价以及评价主体确定等问题。从供应链层次结构模型的角度出发，相邻层供应商评价法为解决上述问题提供了一种有效途径。在应用此方法时，需遵循一个基本原则，即上层供应商应对下层供应商进行评价。

由于上层供应商在供应链中扮演着下层供应商用户的角色，因此，他们能够更加客观、直接地对其下层供应商进行评价和选择。基于这一原理，我们可以对整个供应链的绩效进行全面、有效的评价。为了综合反映供应链上、下层节点企业之间的关系，我们需要引入满意度指标。

满意度指标是衡量供应链上、下节点企业之间关系的绩效评价指标，它表示在一定时间内，上层供应商 i 对其相邻下层供应商 j 的综合满意程度，记作 C_{ij}。该指标的具体计算公式如下：

满意度 $C_{ij}=\alpha_j\times$ 供应商 j 准时交货率 $+\beta_j\times$ 供应商 j 成本利润率 $+\lambda_j\times$ 供应商 j 产品质量合格率

式中　α_j、β_j、λ_j—— 权数，且 $(\alpha_j+\beta_j+\lambda_j)/3=1$。

在满意度指标中，还包括三个重要的因素，即成本利润率、准时交货率和产品质量合格率。

1．成本利润率解析

成本利润率是衡量单位产品净利润占单位产品总成本比例的指标。在市场经济环境下，产品价格由市场决定，因此，在市场供需基本平衡时，供应商生产的产品价格可视为常量。按照成本加成定价原则，产品价格由成本和利润构成，因此，成本利润率越高，表明供应商的盈利能力越强，企业的综合管理水平也越高。这种高利润率会激发供应商的合作积极性，促使其更新或改造相关设施，以提高生产效率。

2．准时交货率解析

准时交货率是指下层供应商在特定时间内准时交货次数占总交货次数的比例。准时交货率低可能意味着供应商的生产能力不足或生产组织管理水平跟不上供应链运行要求；而准时交货率高则表明供应商具有强大的生产能力和高水平的生产管理。

3．产品质量合格率解析

产品质量合格率是指质量合格的产品数量占产品总产量的比例，它反映了供应商提供货物的质量水平。不合格产品数量越多，产品质量合格率越低，说明供应商提供的产品质量较差。供应商需承担不合格产品的返修或报废责任，这会增加其总成本，降低成本利润率。因此，产品质量合格率与产品成本利润率密切相关。同时，产品质量合格率与准时交货率也密切相关，因为产品质量合格率低会增加返修工作量，导致交货期延长，进而降低准时交货率。

在满意度指标中，权数的取值并非固定不变，会随上层供应商的变化而变化。但对于同一个上层供应商来说，在计算与其相邻的所有下层供应商的满意度指标时，所取的权数值是相同的。这样，通过满意度指标就能评价不同供应商的运营绩效以及这些不同的运营绩效对其上层供应商的影响。如果满意度指标数值较低，说明该供应商的运营绩效差，在生产能力和管理水平方面存在不足，并会对上层供应商的正常运营产生影响，从而不利于整个供应链的正常运营。因此，应重点关注满意度指标值较低的供应商的管理，可以对其进行全面的改革或选择新的供应商。

在整个供应链中，如果每层供应商满意度指标的权数都取相同值，那么最后得出的满意度指标可以反映整个上层供应商对其相邻的整个下层供应商的满意程度。对于满意度指标值低的供应商，应当及时进行改革或更换。最终用户对供应链产品的满意度指标是供应链绩效评价的一个最终标准。其计算公式为：

满意度 $=\alpha\times$ 零售商准时交货率 $+\beta\times$ 产品质量合格率 $+\lambda\times$（实际的产品价格 / 用户期望的产品价格）

第四节　供应链管理中的激励机制

供应链是由一系列上下游的、财务独立且目标各异的企业或成员所构成的。由于每个企业成员对供应链的贡献程度不尽相同，因此，在分配供应链所带来的利益时，我们必须准确衡量每个成员的具体贡献。供应链中的不同成员各自持有不同的目标，且这些目标之间的矛盾关系错综复杂，随时可能引发利益冲突。为了有效应对这一问题，我们需要建立一套健全的激励机制，以确保供应链优化所产生的效益能够在供应链各企业之间以及企业内部得到合理分配。只有当供应链中的所有企业都能从供应链管理中获得应得的利益时，它们才会自觉地维护供应链的整体利益。此外，我们还应特别关注并重点鼓励那些为供应链作出显著贡献的企业，以此保持供应链的活力与生机。

一、供应链激励机制的概述

在供应链激励机制中，激励者作为主体，而被激励者，即激励的对象，作为客体。随着时间的推移，激励的主体已经从最初的业主转变为管理者，乃至更抽象的委托人。至于激励的客体，则主要指的是供应链的成员企业，这包括上游的供应商、下游的分销商等，同时也涵盖了供应链企业内部的管理人员和员工。

在供应链管理的大背景下，激励的主体与客体主要涉及以下五个层面。

（1）核心企业对成员企业的激励。

（2）供应链整体对成员企业的激励。

（3）制造商（作为下游企业）对供应商（作为上游企业）的激励。

（4）制造商（作为上游企业）对销售商（作为下游企业）的激励。

（5）成员企业对整个供应链的激励。

二、供应链企业激励机制的特性

激励原本是心理学的概念，但在管理学的应用中，它通常被局限于个人行为的研究。然而，由于供应链激励的对象既包括团体（如供应链和企业），也包括个人（如管理人员和普通员工），因此，我们需要将研究的范围从个人心理扩展到团体心理。通常情况下，供应链所涵盖的社会范围相当广泛，因此，我们可以将供应链的社会心理视为一个“整体”来对待，这个整体会具有个人心理的一般特性。但值得注意的是，整体并不是个体的简单相加，因此，供应链的社会心理同时也会展现出其独特的特点。

供应链管理系统与个人有许多相似之处，例如，成员企业可能会出现积极性不高、核心企业的开拓精神不强等问题。有的节点企业可能安于现状，只要不亏损就心满意足或小富即安，而有的节点企业则可能丧失进取心。因此，供应链管理也会产生需要、行为、动机和目的，它也有心理活动，也有惯性，同样也需要给予激励。供应链激励是供应链管理中的一项重要工作，其激励的对象广泛，包括供应链自身、成员企业、企业管理人员和普通职员等。其中，对管理人员和普通员工的激励属于企业激励机制的范畴，而供应链激励则主要侧重于对供应链环境下成员企业的激励活动。

供应链企业的激励过程可以通过传统的激励过程模型来描述，如图 6-5 所示。从这个模型中，我们可以看出，供应链的激励机制包含了激励对象（又称激励客体、代理方）、激励的目标、供应链绩效测评（包括评价指标、指标测评和评价考核）以及激励方式（包括正激励和负激励、物质性激励、精神性激励和感情性激励）等内容。实际上，从供应链激励的特点来看，供应链的激励机制还隐含了两个重要的内容：供应链协议和激励者（又称激励主体、委托方）。

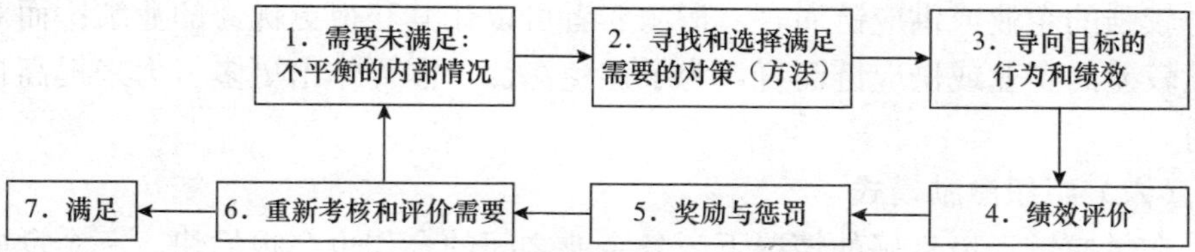

图 6-5　供应链企业激励过程

三、供应链管理中常用的激励模式解析

在供应链管理中，为了激发各节点企业的积极性和合作意愿，通常会采用多种激励模式。以下是对这些常用激励模式的详细解析。

（一）价格激励模式

在供应链环境下，各节点企业虽然战略上相互合作，但各自的利益也不容忽视。价格成为供应链中利益分配的主要体现方式。高的价格可以增强企业的积极性，而不合理的价格则会挫伤企业的积极性。在实践中，有时难以准确辨认出相应的责任对象，因此，需要通过价格来反映额外收益或损失的均衡，以保证尽可能的公平。需要注意的是，价格激励也存在逆向选择的风险，即过分强调低价格可能导致整体水平较好的企业被排除。

（二）订单激励模式

对于供应链内的企业来说，获得更多的订单是一种极大的激励。制造商通常拥有多个供应商，这些供应商之间会竞争制造商的订单。因此，更多的订单对供应商来说是一种有效的激励方式。

（三）新产品、新技术开发激励模式

新产品、新技术的共同开发和投资对企业来说也是一种重要的激励模式。这种模式可以让供应商全面掌握新产品的开发信息，有利于新技术在供应链企业中的推广和开拓供应商的市场。

（四）信息激励模式

在信息时代，信息对企业意味着生存。如果企业可以掌握更多的信息，就有可能拥有更多的发展机会和资源，从而获得激励。信息对供应链的激励是一种间接的激励模式，但其产生的激励作用不容小觑。及时获取合作企业的需求信息可以使企业尽快、主动地提供最优质的服务，提高合作方的满意度，对建立信任十分重要。

（五）淘汰激励模式

为了保持供应链的整体竞争力，必须在各成员企业之间建立淘汰机制。淘汰弱者是市场运行的基本规律，也是对企业或供应链的一种激励。对于竞争实力较强的企业或供应链而言，淘汰弱者可以让其获得更优秀的业绩；而对于业绩较差的企业或供应链而言，为了避免淘汰，需要作出更多努力来提高自身实力。

（六）组织激励模式

在供应链环境良好的情况下，各企业之间的合作也会很愉快。一个良好组织的供应链对供应链及其中的企业都是一种激励。减少供应商数量，并与主要供应商和经销商保持长期稳定的合作关系是制造商采取组织激励的主要措施。

（七）商誉激励模式

商誉是企业的无形资产，对企业来说极为重要。商誉来自供应链内其他企业的评价和公众中的声誉，可以反映出一个企业的社会地位。在激烈的市场竞争中，企业的代理量（决定其收入）取决于其过去的代理质量与合作水平。因此，即使没有显性激励合同，企业也要积极地努力工作以提高自身在市场上的声誉，从而增加未来的收入。

综上所述，供应链管理的建立和激励机制的发挥都有赖于核心企业的协调和作用。核心企业的管理水平是决定供应链管理水平高低的关键因素。

第七章 供应链协同管理及其发展研究

供应链协同管理，作为一种前沿的管理理念与实践策略，其核心在于促进供应链中各个参与方之间的紧密合作与协同作业。这一理念不仅强调各环节的无缝衔接，还注重资源的优化配置、作业效率的最大化以及运营成本的合理控制。通过实施供应链协同管理，企业能够打破传统的管理模式界限，实现跨组织、跨部门的协同作业，进而在激烈的市场竞争中脱颖而出，提升整个供应链系统的整体竞争力。

在供应链协同管理的实施过程中，强化合作伙伴关系被视为一个至关重要的环节。合作伙伴关系的稳固与否，直接影响到供应链协同管理的成效。因此，企业必须注重与供应商、分销商、客户等合作伙伴建立长期、稳定、互信的合作关系。通过共享信息、共担风险、共同决策，企业能够与合作伙伴形成紧密的协同网络，共同应对市场变化，抓住发展机遇，实现共赢。

供应链管理咨询分析进一步指出，强化合作伙伴关系不仅有助于提升供应链的响应速度和灵活性，还能够促进技术创新和知识共享。在合作伙伴的共同努力下，企业可以更快地掌握市场动态，更准确地预测需求变化，从而制订出更加科学、合理的生产和运营计划。同时，通过合作伙伴之间的技术交流与合作，企业可以不断引进和吸收新的管理理念和技术手段，推动供应链管理的持续创新与发展。

第一节 供应链协同管理的定义及内涵

供应链协同管理，作为一种先进且高效的管理模式，其核心在于通过全面协调供应链中各个节点的活动，实现信息的无缝共享、资源的优势互补以及风险的共同承担。这一管理方式不仅着眼于提升整个供应链的运作效率和响应速度，更强调在供应链各参与方之间建立起一种紧密而协同的合作关系，共同应对市场的快速变化和客户需求的多样化挑战。

具体而言，供应链协同管理要求各节点企业在信息共享的基础上，实现资源的优化配置和互补利用。通过共享市场需求、库存状况、生产计划等关键信息，各节点企业能够更好地协调自身的生产经营活动，避免资源的浪费和重复建设，从而提高整个供应链的运作效率。

同时，供应链协同管理还强调风险的共同承担。在供应链运作过程中，各种不确定因素和风险难以避免。通过协同管理，各节点企业可以共同识别、评估和应对这些风险，降低单一企业承担风险的压力，提高整个供应链的抗风险能力。

供应链协同管理是一种先进的管理理念和实践，它通过整合供应链中的各个环节，实现资源的优化配置和效率的提升。以下是对上述五个方面的进一步扩展和详细阐述。

一、协同机制

（一）建立共同愿景

供应链协同管理的首要且核心任务是建立一个清晰、共同的愿景和目标。这要求供应链中的所有企业都积极参与，通过深入的沟通和协商，明确各自在供应链中的角色和责任。每个企业都应认识到，其成功不仅取决于自身的努力，还取决于整个供应链的表现。因此，每个企业都应为实现供应链的整体目标作出贡献，确保供应链的协同管理能够顺利推进并取得实效。

（二）签订合作协议

为了确保供应链协同管理的有效实施，各参与方需要签订详细的合作协议。这些协议应明确各方的权利和义务，确保在合作过程中，各方的利益都能得到充分的保障。除了涉及经济利益的内容，协议还应涵盖技术、信息共享、风险管理等多个方面，以确保供应链的稳定性和可持续性。

（三）建立联合组织

为了更有效地协调供应链中的各种活动，可以成立供应链联合组织或管理委员会。这些组织应由供应链中的核心企业共同组成，负责监督和管理供应链的运作情况。它们可以定期召开会议，讨论供应链中的各种问题，如市场需求变化、生产计划调整、物流优化等，以确保供应链的顺畅运作和高效响应。

（四）促进文化融合

在供应链协同管理的过程中，不同企业之间可能存在明显的文化差异。这些差异可能会导致沟通障碍、理解偏差甚至冲突，从而影响供应链的协同效果。因此，促进文化融合是实现供应链协同的重要一环。各企业应积极开展文化交流活动，增进相互之间的了解和信任。同时，还应建立一种包容、开放的文化氛围，鼓励不同企业之间的员工进行互动和合作，共同推动供应链的发展。通过文化融合，可以打破企业之间的壁垒，实现真正的协同和共赢。

二、信息共享

在供应链协同管理中，信息共享是实现各节点企业紧密合作与协同的基石。为了打破传统供应链中的“信息孤岛”现象，实现实时互动，以下措施至关重要。

（一）建立信息共享平台

利用现代信息技术，构建一个高效、稳定的供应链信息共享平台。这个平台应具备实时更新和共享数据的能力，确保供应链中的每个节点都能及时获取到最新的信息。除了基本的需求预测、库存状态、生产计划等信息，还应涵盖市场动态、客户反馈、竞争对手分析等更广泛的内容，以帮助企业作出更明智的决策。

（二）采用先进的信息技术

为了进一步提高信息共享的准确性和实时性，供应链企业应积极采用物联网、大数据、云计算等先进技术。物联网技术可以实现设备与设备之间的互联互通，实时传输数据；大数据技术可以对海量数据进行深度挖掘和分析，提供有价值的市场洞察；云计算技术则可以提供强大的数据存储和处理能力，支持供应链的快速响应和灵活调整。

（三）培养信息共享文化

除了技术层面的支持，还需要在供应链企业之间培养一种开放、透明的信息共享文化。这意味着企业要愿意分享自己的数据和信息，同时也要积极寻求从其他企业获取有价值的信息。通过消除信息壁垒，促进信息的自由流动，可以进一步增强供应链企业的信任和合作。

（四）定期进行信息审计

为了确保信息共享的准确性和完整性，供应链企业应定期进行信息审计。这包括对共享的数据进行核对、验证和清洗，以确保其真实可靠。同时，还应建立一套完善的信息共享监管机制，及时发现并解决信息共享过程中出现的问题，确保供应链的顺畅运作。通过定期的信息审计和监管，可以进一步提升供应链企业的协同效率和响应速度。

三、资源互补

在供应链协同管理中，资源互补是一项至关重要的策略，它旨在通过优化资源配置，提高整个供应链的利用效率和竞争力。为了实现这一目标，以下措施显得尤为重要。

（一）深入识别资源互补点

要对供应链中的资源分布进行全面而深入的分析，这包括物流资源、资金资源、技术资源、人力资源等多个方面。通过细致剖析，我们可以准确地识别出各企业之间的资源互补点，即哪些资源在某些企业中是冗余的，而在其他企业中则是稀缺的。基于这些互补点，我们可以制定相应的资源互补策略，以实现资源的优化配置和共享。

（二）建立高效的资源调配机制

为了确保资源能够在供应链中得到最优配置，我们需要建立一套合理的资源调配机制。这套机制应涵盖物流、资金流、信息流等多个方面，确保各种资源能够在供应链中顺畅地流动和分配。同时，我们还需要建立一套完善的资源调度系统，实时监控资源的分布和使用情况，以便及时调整和优化资源的配置。

（三）积极促进技术交流与合作

在供应链中，各企业往往拥有不同的技术优势和专业知识。通过技术交流和合作，我们可以促进企业间的知识和技能共享，提高整体的技术水平和创新能力。这不仅可以帮助企业更好地应对市场变化和客户需求，还可以推动整个供应链的技术进步和产业升级。

（四）优化供应链结构与流程

根据资源互补的结果，我们需要对供应链的结构和流程进行优化。这包括减少不必要的环节，提高供应链的效率和灵活性。通过优化供应链结构，我们可以进一步降低运营成本，提高响应速度，从而更好地满足客户的需求。同时，我们还可以借助先进的供应链管理理念和技术手段，如精益供应链管理、供应链风险管理等，进一步提升供应链的竞争力和可持续发展能力。

四、风险共担

在供应链协同管理中，风险共担是一个至关重要的环节。面对日益复杂的市场环境和不断变化的客户需求，供应链中的各节点企业都需要共同应对挑战，降低风险压力。为了实现这一目标，以下措施显得尤为重要。

（一）建立科学的风险评估机制

要全面而深入地识别供应链中可能存在的风险，包括市场风险、供应风险、需求风险、物流风险等。通过建立科学的风险评估机制，我们可以对这些风险进行量化分析和定性评估，从而更准确地了解它们的性质、影响范围和潜在后果。同时，我们还需要根据风险评估的结果，制定相应的应对策略，确保在风险发生时能够及时、有效地进行应对。

（二）制定合理的风险分担方案

在供应链中，各节点企业对于风险的承受能力和应对能力是不同的。因此，我们需要根据风险的性质和影响范围，制定合理的风险分担方案。这包括明确各节点企业在风险应对中的责任和义务，确保风险的公平分担。

（三）增强供应链的抗风险能力

为了更好地应对市场变化和突发事件带来的挑战，我们需要不断增强供应链的抗风险能力。这包括加强供应链的灵活性和适应性，提高供应链在面对风险时的响应速度和恢复能力。同时，我们还需要通过优化供应链结构、提高物流效率、加强信息共享等方式，进一步降低供应链的运行成本，提高其整体竞争力。

（四）建立有效的应急响应机制

在供应链协同管理中，我们还需要建立一套有效的应急响应机制。这包括制定详细的应急预案，明确各节点企业在应急情况下的行动方案和责任分工。同时，我们还需要加强应急演练和培训，提高供应链在面对突发事件时的响应速度和处理能力。通过应急响应机制的建立和完善，我们可以更好地应对供应链中可能出现的各种风险和挑战，确保供应链的稳健运行和持续发展。

五、共赢目标

在供应链协同管理中，共赢目标的实现是供应链各节点企业共同追求的目标。为了实现这一宏伟目标，以下措施的实施显得尤为重要。

（一）制定明确的共赢战略

供应链中的企业应坐下来，共同商讨并制定一个以共赢为目标的战略。这个战略应确保每个企业都能从供应链的整体发展中受益，实现利益的共享和风险的共担。通过明确的共赢战略，我们可以进一步增强供应链企业之间的合作和信任，推动供应链的稳健发展。

（二）促进公平竞争，维护市场秩序

在供应链中，我们应努力建立一个公平竞争的环境，避免恶性竞争和价格战等不利于供应链健康发展的行为。通过维护市场秩序和公平竞争，我们可以促进企业的健康发展，提高供应链的整体竞争力。

（三）共同关注社会责任，提升供应链形象

作为供应链中的一员，每个企业都应关注社会责任的履行。我们可以通过环保、公益等方式，积极参与社会公益事业，提升供应链的社会形象和影响力。这不仅有助于增强消费者对供应链的信任和认可，还可以推动供应链企业的可持续发展。

（四）持续改进和创新，提高竞争力

在供应链协同管理中，我们应鼓励各节点企业进行持续的自我改进和创新。通过引入新的技术、优化流程、提高产品质量等方式，我们可以不断提高

供应链的整体竞争力和可持续发展能力。同时，我们还应关注市场动态和消费者需求的变化，及时调整和优化供应链战略，以确保供应链的稳健发展。

第二节 强化合作伙伴关系的重要性

在当今日益复杂且多变的商业环境中，供应链协同管理的重要性越发显现。随着市场竞争的加剧、客户需求的多样化和技术革新的快速推进，企业已经不能仅仅依靠自身的资源和能力来应对这些挑战。因此，强化合作伙伴关系成为供应链协同管理中的核心要素之一。

合作伙伴关系是指供应链中各节点企业之间建立的一种长期、稳定且互利的合作关系。这种关系的强化不仅有助于提升供应链的整体竞争力和响应速度，还能够促进各节点企业之间的信息共享、资源互补和风险共担。通过深化合作，供应链中的企业可以更好地应对市场波动、降低运营成本、提高产品质量和服务水平，从而实现共赢发展。

强化合作伙伴关系需要供应链中的企业相互信任、坦诚沟通，并共同制定和执行协同策略。同时，各企业还应关注彼此的核心竞争力和资源优势，通过互补和共享，进一步提升整个供应链的竞争力和可持续发展能力。在这个过程中，建立有效的沟通机制、制定合理的利益分配方案以及共同承担风险也是至关重要的。

供应链协同管理是现代企业管理中的一项关键策略，其核心在于通过加强合作伙伴之间的联系，实现资源的最优配置和风险的有效控制。

一、增强信息共享与透明度

在供应链协同管理中，增强信息共享与透明度是推动供应链高效运作、降低运营成本、提升响应速度的关键因素。

（一）深化信任与沟通：奠定信息共享的基石

在供应链中，建立深厚的信任关系是信息共享不可或缺的基石。当合作伙伴之间存在相互信任时，它们更愿意开放关键信息，如市场动态、销售数据、库存状况和生产计划。这种开放性和透明度不仅有助于减少供应链中的不确定性，使得各节点企业能够更好地应对市场变化，还能有效降低因信息不对称导致的“牛鞭效应”。

“牛鞭效应”是供应链中常见的一种现象，即需求信息在从最终消费者向原始供应商传递的过程中，由于每一级节点企业都会基于其接收到的信息进行预测并增加安全库存，导致需求信息逐级放大，最终导致供应链上游企业的生产计划和库存管理出现严重偏差。通过增强信息共享，企业能够更准确地预测市场需求，优化库存管理，提高生产计划的灵活性，从而有效缓解“牛鞭效应”带来的负面影响。

（二）利用技术手段：强化信息共享的支持

现代信息技术的发展为供应链中的信息共享提供了强有力的支持。云计算、大数据分析和物联网等先进技术使企业能够实现数据的实时更新和共享，提高决策的准确性和响应速度。

云计算为供应链提供了强大的数据存储和处理能力，使得各节点企业能够实时访问和共享数据，无论这些数据存储在供应链的哪个环节。大数据分析则能够对这些海量数据进行深度挖掘和分析，提供有价值的市场洞察和预测，帮助企业作出更明智的决策。而物联网技术则实现了设备与设备之间的互联互通，实时传输数据，使得供应链中的各节点企业能够更准确地了解库存状况、生产进度和物流情况。

二、强化风险共担与应对

在供应链协同管理中，风险共担与应对是确保供应链稳定性和可持续性的关键要素。

（一）建立风险管理机制：奠定风险共担的基础

在供应链中，风险管理是至关重要的。由于供应链涉及多个节点企业，任何一个环节出现问题都可能对整个供应链造成严重影响。因此，合作伙伴之间的紧密合作是形成有效风险共担机制的基础。通过共同识别和评估潜在风险，各企业可以制定相应的应对策略，并在风险发生时迅速响应，共同承担风险带来的后果。

这种风险共担机制不仅减轻了单一企业的风险压力，还增强了整个供应链的抗风险能力。当市场波动或突发事件发生时，各企业可以依托风险共担机制，共同应对挑战，降低风险对供应链的影响。同时，通过定期的风险评估和策略调整，供应链可以不断适应市场变化，保持稳健发展。

（二）培养应急响应能力：提升风险应对的实战能力

除了建立风险管理机制，供应链中的企业还应共同培养应急响应能力。这种能力是指企业在面对突发事件时，能够迅速调整策略、组织资源、采取行动以减少损失的能力。通过定期的演练和模拟，各企业可以检验其应急响应计划的有效性，提高员工对突发事件的应对能力。

培养应急响应能力对于供应链协同管理至关重要。当突发事件发生时，时间是非常宝贵的。一个具备强大应急响应能力的供应链可以迅速作出反应，调整生产计划、物流安排等，以减少对客户的影响。同时，通过共同培养和提升应急响应能力，供应链中的企业可以更加紧密地合作，共同应对各种挑战和不确定性。

三、促进资源整合与优化

在供应链协同管理中，资源整合与优化是提高供应链整体效能和竞争力的关键环节。以下是对此的详细阐述。

（一）共享资源与能力：实现资源的最优配置

供应链中的企业可以通过共享资源，如原材料、生产设备和物流设施，实现资源的最优配置。这种共享机制不仅降低了单个企业的运营成本，还显著提高了资源的利用效率。通过共享，企业可以避免重复投资，减少资源浪费，实现规模经济效应。

同时，合作伙伴之间的紧密协作还有助于促进技术创新和产品开发。企业可以共同研发新技术、新产品，共享研发成果，从而加快技术创新步伐，提升整个供应链的竞争力。这种协作机制为供应链注入了新的活力，推动了供应链的持续发展和创新。

（二）优化供应链结构：提高整体的运营效率

通过整合供应链中的资源，企业可以进一步优化供应链的结构和流程。这包括减少不必要的环节，简化流程，提高信息传递效率等。通过优化，企业可以降低运营成本，提高响应速度，更好地满足市场需求。

优化供应链结构还有助于企业在激烈的市场竞争中保持竞争力。一个高效、灵活的供应链能够迅速适应市场变化，抓住市场机遇，从而为企业赢得更多的市场份额和利润空间。因此，企业应该积极推动供应链的优化和整合，以提高整体的运营效率和市场竞争力。

四、提高响应速度与灵活性

在当今快速变化的市场环境中，提高响应速度与灵活性是供应链协同管理的核心目标之一。以下是对此的详细阐述。

（一）快速调整生产计划：抓住市场机遇的关键

在市场需求发生变化时，供应链中的企业必须能够迅速调整生产计划和物流安排。这种快速响应能力是企业抓住市场机遇、提高客户满意度的关键。通过加强合作伙伴之间的沟通和协调，企业能够更准确地了解市场需求的变化，并及时调整生产计划，以满足客户的期望。

为了实现快速调整生产计划，企业需要建立灵活的生产系统和物流网络。这包括采用先进的生产技术和设备，提高生产线的自动化和智能化水平，以及优化物流流程，减少物流时间和成本。通过这些措施，企业可以更加灵活地应对市场变化，提高生产效率和响应速度。

（二）培养灵活性：适应不断变化的市场需求

除了快速调整生产计划，供应链中的企业还应积极培养灵活性。这种灵活性体现在生产和物流安排的各个方面，包括产品设计的模块化、生产线的可调整性、物流网络的多元化等。通过培养灵活性，企业可以更好地适应不断变化的市场需求，提高客户满意度和市场份额。

为了实现灵活性，企业需要注重创新和研发。通过不断引入新技术、新材料和新产品，企业可以满足客户不断变化的需求，并保持在市场上的领先地位。同时，企业还应与合作伙伴共同研发新技术和新产品，以实现技术共享和协同创新。

五、增强长期稳定性

在供应链协同管理中，增强长期稳定性是确保供应链持续、高效运作的关键。

（一）建立长期合作关系：奠定供应链稳定的基础

供应链中的企业应致力于建立长期稳定的合作关系。这种合作关系的建立需要双方或多方共同投入，通过深入沟通、了解彼此的业务需求和战略目标，共同制定长期发展战略。长期合作关系的建立有助于减少供应链中的不确定性，提高运营效率，降低交易成本。

在长期合作关系的框架下，企业可以更加放心地进行资源共享、技术交流和业务协同，从而进一步提高供应链的整体效能。同时，长期合作关系还有助于培养企业之间的信任感，减少因信息不对称或利益冲突导致的合作障碍，为供应链的长期发展奠定坚实基础。

（二）持续关系管理：维护供应链稳定的保障

企业应不断加强与合作伙伴的关系管理，通过定期的沟通和协调，确保合作关系的稳定性。这种持续的关系管理包括但不限于定期的业务回顾、问题解决、信息共享和战略协同等。通过持续的关系管理，企业可以及时发现并解决供应链中出现的问题，确保供应链的顺畅运作。

在面对市场变化时，持续的关系管理尤为重要。市场环境的不断变化可能给供应链带来各种挑战和机遇。通过持续的关系管理，企业可以与合作伙伴共同应对市场变化，调整合作策略，保持供应链的稳定运作。这种稳定性和灵活性相结合的特点，使得供应链能够在复杂多变的市场环境中保持竞争力。

六、提升竞争力：供应链协同管理的终极目标

在供应链协同管理的众多目标中，提升竞争力无疑是其核心与终极目标。

（一）构建高效供应链：奠定竞争优势的基石

通过强化合作伙伴关系，企业可以构建一个高效、灵活且抗风险能力强的供应链体系。这种协同的供应链不仅能够提高企业的运营效率，降低运营成本，还能为企业提供独特的竞争优势，使其在市场上更具竞争力。一个高效的供应链意味着企业能够更快地响应市场需求，提供更优质的产品和服务，从而赢得更多的市场份额和客户的信赖。

为了实现这一目标，企业需要与合作伙伴共同优化供应链流程，提高物流效率，减少库存积压，确保供应链的顺畅运作。同时，企业还应注重供应链的可持续发展，通过采用环保材料、节能减排等措施，降低供应链对环境的影响，提升企业的社会责任感和品牌形象。

（二）推动创新与改进：保持市场竞争力的关键

在激烈的市场竞争中，企业要想保持领先地位，就必须不断推动创新和改进。供应链中的企业应积极引入新技术、新材料和新产品，通过技术创新、产品开发和流程优化，提高供应链的整体竞争力。这种创新和改进不仅有助于企业满足不断变化的市场需求，还能为企业开辟新的市场领域，创造更多的商业价值。

为了实现创新与改进，企业需要与合作伙伴共同建立创新机制，鼓励双方或多方进行技术交流、合作研发和市场拓展。通过共享创新成果和分担创新风险，企业可以更加放心地进行创新投入，实现技术创新与商业成功的良性循环。

第三节　提升整体竞争力的途径

在当今全球化的市场竞争中，企业要想脱颖而出，必须不断提升自身的整体竞争力。而供应链协同管理，作为现代企业管理的重要组成部分，正是提升整体竞争力的关键途径。

一、构建战略性合作伙伴关系

（一）深化合作基础

企业应与供应商和合作伙伴建立长期稳定的战略合作关系，这不仅是供应

链稳定性和可靠性的关键，也是实现供应链协同的基础。通过共享信息、技术和资源，各方能够实现互利共赢，提升供应链的整体效能。这种合作关系应基于共同的价值观和战略目标，通过定期的沟通和评估机制，确保合作的持续性和有效性。

（二）增强合作深度

在战略性合作中，企业应不断深化与合作伙伴的合作内容，从单一的交易关系转变为多方面的战略合作。这包括共同研发新产品、共享市场情报、协同进行市场开拓、共同承担风险等。通过深度合作，企业能够更好地利用合作伙伴的资源和优势，提升自身的创新能力和市场竞争力。

二、优化物流管理

（一）提升物流效率

通过实施先进的物流管理系统，如物流信息化平台、智能仓储系统等，企业能够精确掌握物流信息，实现物流过程的可视化和可追溯性。这有助于企业有效降低库存成本和运输成本，提高物流的响应速度和准确性。同时，通过优化物流网络布局和运输方式选择，企业可以进一步降低物流成本，提高供应链的整体效率。

（二）优化配送策略

企业应根据市场需求和产品特性，引入合理的配送策略。例如，对于高价值、小批量的产品，可以采用直接配送方式，减少中转环节，提高配送效率；对于大批量、低价值的产品，可以采用集中配送方式，降低配送成本。通过优化配送策略，企业能够加快产品上市时间，提高客户满意度，从而增强市场竞争力。

三、强化供应商管理

（一）选择优质供应商

选择可靠的供应商是供应链管理的关键。企业应建立供应商评估和考核机制，对供应商的质量、价格、交货期、服务等方面进行全面评估，确保供应链的质量和效率。同时，企业应积极与优质供应商建立长期合作关系，共同提升供应链的稳定性和竞争力。

（二）加强合作研发

与供应商共同开展新产品研发，能够实现资源共享和优势互补，提高产品质量和创新能力。企业应积极与供应商沟通市场需求和技术趋势，共同编制研发计划和目标，实现新产品的快速上市和商业化。这种合作研发模式有助于企业快速响应市场变化，推出符合市场需求的新产品，从而增强市场竞争力。

四、有效需求管理

（一）精准需求预测

通过有效的需求预测和订单管理，企业能够准确掌握市场需求动态，避免库存积压和产品过剩。企业应建立完善的需求预测模型，结合历史数据、市场趋势和客户需求等因素进行综合分析，编制准确的生产计划和采购计划。同时，企业应加强与销售、市场部门的沟通与协作，实现需求信息的实时共享和协同处理。

（二）及时调整计划

与销售、市场部门紧密协作，企业能够及时调整供应链计划，满足市场需求。当市场需求发生变化时，企业应迅速响应，调整生产计划、采购计划和物流计划等，确保供应链的灵活性和响应速度。这种及时调整有助于企业抓住市场机遇，提高市场响应速度，从而增强市场竞争力。

五、信息技术支持

（一）引入信息技术

引入先进的信息技术系统，如供应链管理软件、物联网技术等，能够实现供应链各个环节的信息共享和协同。企业应积极投入信息化建设，建立完善的信息技术平台，实现供应链信息的实时传递和共享。这有助于提高企业决策效率和执行力度，降低运营成本和风险。

（二）利用数据分析

利用大数据分析、人工智能等技术手段，企业能够快速获取市场动态和客户需求信息，提高决策效率。通过对供应链数据的深入挖掘和分析，企业可以发现潜在的市场机会和风险点，编制更加精准的营销策略和运营计划。这种数据分析能力有助于企业更好地理解市场趋势和客户需求，作出更准确的决策。

六、风险管理机制

（一）建立风险预警

建立供应链风险管理机制，预测和评估潜在风险，并采取相应的措施进行应对。企业应建立完善的风险预警系统，对供应链各个环节进行实时监测和预警，及时发现潜在的风险点并采取有效的应对措施。这有助于降低供应链的风险和不确定性，保障企业的稳定运营。

（二）增强抗风险能力

通过风险管理机制，企业能够增强供应链的抗风险能力，确保供应链的稳定运作。企业应积极投入资源建设风险管理体系，提高供应链的柔韧性和适应性。例如，建立多元化的供应商体系、制订应急计划、加强物流安全管理等。这些措施有助于企业在面对市场变化和突发事件时保持供应链的稳定性，减少损失和影响。

七、持续改进与创新

（一）不断优化流程

企业应不断优化供应链流程，提高运作效率和灵活性。通过对供应链流程的深入分析和改进，企业可以消除浪费、降低成本、提高生产效率和服务质量。同时，企业应积极引入先进的供应链管理理念和方法，如精益生产、六西格玛等，实现供应链管理的持续改进和创新。

（二）推动创新

通过持续改进和创新，企业能够降低成本、提高产品质量和服务水平、增强企业竞争力。企业应积极鼓励员工提出创新想法和建议，建立创新激励机制和文化氛围。同时，企业应加强与供应商、客户等合作伙伴的创新合作，共同推动供应链的创新和发展。

八、培养协作精神与共赢意识

（一）转变合作观念

企业应转变思想观念，培养供应链各节点企业的协作精神和共赢意识。在供应链协同管理中，各节点企业应摒弃传统的竞争观念，树立协作共赢的新理念。通过加强沟通与协作，实现资源共享和优势互补，共同提升供应链的竞争力和市场地位。

（二）确立多赢目标

企业应确立多赢思想，实现供应链内部各节点的互利共赢。在编制供应链战略和计划时，企业应充分考虑各节点企业的利益和需求，制定公平合理的利益分配机制。通过实现多赢目标，激发各节点企业的积极性和创造力，共同推动供应链的发展和壮大。

九、资源整合与优化

（一）整合内部资源

企业应整合供应链内部的资源，实现资源的优化配置和高效利用。通过对内部资源的深入分析和整合，企业可以发现潜在的资源浪费和效率低下问题，并采取相应的措施进行改进和优化。例如，通过共享仓储设施、优化物流网络、提高生产设备利用率等方式，降低运营成本和提高生产效率。

（二）促进资源互补

通过资源共享和互补，企业能够提高整个供应链的竞争力。在供应链协同管理中，各节点企业应积极分享自身的资源和优势，实现资源的互补和共享。例如，供应商可以提供优质的原材料和零部件，制造商可以提供先进的生产技术和设备，分销商可以提供广泛的销售渠道和服务网络等。通过资源共享和互补，各节点企业能够共同提升供应链的竞争力和市场地位。

十、提升响应速度与灵活性

（一）加强沟通协作

加强供应链各节点之间的沟通与协作，企业能够提高供应链的响应速度和灵活性。通过建立有效的沟通机制和协作平台，各节点企业可以实时共享市场信息、生产计划和库存状况等信息，实现供应链的协同运作。这有助于企业快速响应市场需求和变化，提高供应链的响应速度和灵活性。

（二）快速适应变化

企业应快速适应市场变化和客户需求，确保供应链的持续竞争力。在市场竞争日益激烈的环境下，企业需要具备快速适应市场变化和客户需求的能力。通过加强市场研究、优化生产计划和物流安排、提高产品质量和服务水平等方式，企业能够快速适应市场变化和客户需求，保持供应链的持续竞争力。同时，企业还应积极引入先进的供应链管理理念和技术手段，如敏捷供应链管理、数字化供应链等，进一步提升供应链的响应速度和灵活性。

第四节　实施供应链协同管理的策略建议

一、构建战略性合作伙伴网络

（一）深化合作伙伴关系

与供应商、物流企业等建立长期稳定的合作关系是供应链协同管理的基础。通过签订长期合同、共享业务计划和策略，可以确保供应链的稳定运行，减少因供应商变动或物流中断带来的不确定性。这种紧密的合作还有助于共同面对市场挑战，提高整体运营效率，实现成本优化和资源共享。

（二）拓展合作领域

除了传统的采购和物流服务，企业还应探索与合作伙伴在新产品开发、市场拓展、技术交流等方面的深入合作。例如，共同投资研发项目，共享市场情报，进行技术交流等，可以实现资源共享和能力互补，进一步巩固供应链的整体竞争力。

二、推进供应链数字化转型

（一）利用先进技术

大数据、物联网、人工智能等先进技术在供应链管理中具有巨大的应用潜力。通过实时采集和分析供应链各环节的数据，企业可以实现信息的透明化和实时共享，提高供应链的响应速度和灵活性。例如，利用物联网技术追踪货物实时位置，利用大数据分析预测市场需求等。

（二）提升信息管理能力

信息技术的应用不仅在于数据采集，更在于数据分析能力的提升。通过建立先进的数据分析平台，企业可以对供应链运营进行精准预测和智能决策，从而优化库存管理、减少浪费，并提升客户满意度。

三、简化供应链操作流程

（一）优化流程设计

精简供应链中的冗余环节是提高效率的关键。通过流程重组、自动化和标准化操作，企业可以减少不必要的步骤和时间延误，降低成本，并显著缩短交货周期。例如，引入自动化仓储系统可以减少人工操作，提高存储和拣选效率。

（二）强化流程执行力

流程优化后的执行力同样重要。通过建立严格的监控和评估机制，企业可以确保流程的高效运作，并及时发现和解决潜在问题。此外，持续的流程改进文化也是确保供应链竞争力的重要一环。

四、建立全面的供应链风险管理框架

（一）风险识别与评估

系统地识别和评估供应链中的潜在风险是风险管理的第一步。企业应对供应中断、价格波动、质量问题等风险进行定期评估，并制定相应的应对策略。通过建立风险预警系统，企业可以实时监测供应链状态，及时发现潜在风险。

（二）风险应对策略

多元化供应商策略、安全库存管理、合同风险分担等是应对供应链风险的有效措施。例如，通过多元化供应商策略，企业可以减少对单一供应商的依赖，降低供应中断的风险；通过保持一定的安全库存，企业可以应对突发需求或供应延迟。

五、激发供应链创新活力

（一）创新文化培养

在供应链各环节培养创新文化是推动持续改进的关键。企业应鼓励员工提出创新想法，并提供相应的资源和支持，以促进新技术的应用和流程的优化。通过设立创新奖励机制，企业可以激发员工的创新积极性。

（二）技术与流程创新

推动产品研发、生产工艺改进和物流方式的创新是提升供应链竞争力的核心。例如，通过引入新的生产技术，企业可以提高产品质量和生产效率；通过优化物流路径和运输方式，企业可以降低物流成本并减少环境影响。

六、实现供应链环境友好型发展

（一）绿色供应链理念

将绿色和可持续发展理念融入供应链管理是企业社会责任的重要体现。通过推动绿色供应链建设，企业可以降低环境影响，提高资源利用效率，并树立良好的企业形象。

（二）环保实践

实施节能减排措施、使用环保材料、优化物流路径等是实现绿色供应链的具体行动。例如，通过采用可再生能源和节能设备，企业可以减少碳排放；通过使用环保材料，企业可以降低产品对环境的影响。

七、加强供应链人才发展

（一）人才培养计划

投资于供应链管理人才的培养是企业长期发展的战略选择。通过制订系统的培训和发展计划，企业可以提升员工的专业技能和综合素质，为供应链的持续优化提供人才保障。

（二）专业人才引进

积极引进具有丰富经验和专业技能的人才也是提升供应链管理水平的重要途径。通过吸引和留住优秀人才，企业可以不断注入新的活力和创新思维。

八、建立供应链绩效评估机制

（一）绩效指标体系

建立合理的绩效指标体系是评估供应链运营效果的基础。通过设定明确的绩效指标，如交货准时率、库存周转率等，企业可以对供应链的运营状态进行定期评估和反馈。

（二）持续改进循环

基于绩效评估结果，企业应建立持续改进的循环机制。通过分析绩效数据，发现运营中的问题和不足，并制定相应的改进措施。这种持续改进的循环有助于确保供应链管理的不断优化和提升。

九、促进供应链各环节的协同效应

（一）协同工作机制

加强供应链内部各环节的协同与整合是实现高效运营的关键。通过建立跨部门协同工作小组等形式，企业可以促进资源共享和优势互补，提高整体运营效率。

（二）信息共享平台

建立信息共享平台是促进供应链各环节之间信息流通和实时沟通的有效手段。通过信息共享平台，企业可以实现供应链数据的实时更新和共享，提高信息的透明度和准确性。

十、吸收和融合先进管理知识

（一）学习最佳实践

持续关注国内外供应链管理的最新动态和最佳实践是企业不断提升自身管理水平的重要途径。通过学习和借鉴其他企业的成功经验和方法，企业可以不断完善自身的供应链管理体系。

（二）知识管理

建立知识管理体系是将学习到的先进经验和方法整合到供应链管理中的关键步骤。通过知识管理体系的建立和维护，企业可以确保所学知识的有效传承和应用，从而提升整体管理效率和竞争力。

总而言之，通过这些策略的实施，企业不仅能够提升供应链的协同管理水平，还能够增强供应链的适应性和创新能力。在复杂多变的市场环境中，这些策略相互支持、相互促进，共同构建了一个高效、灵活、可持续的供应链生态系统。这将使企业在竞争中保持领先地位，并实现长期的可持续发展。

参考文献

[1] 常艳霞. 供应链模式下的企业物流管理优化策略［J］. 铁路采购与物流，2024，19（6）：57-59.

[2] 丁俊发. 供应链企业实战［M］. 北京：中国铁道出版社，2017.

[3] 付诗尧. 提升企业供应链运营管理关键能力的策略分析［J］. 商场现代化，2024（15）：63-65.

[4] 甘卫华，傅维新，徐静. 现代物流基础［M］.4版. 北京：电子工业出版社，2020.

[5] 黄莹. 供应链管理在企业运营中的应用研究［J］. 中国商论，2024（12）：105-108.

[6] 黄中鼎. 现代物流管理［M］. 4版. 上海：复旦大学出版社，2019.

[7] 刘宝红. 采购与供应链管理［M］. 北京：机械工业出版社，2024.

[8] 刘中洋. 采购管理常见问题清单［M］. 北京：地震出版社，2021.

[9] 柳荣，杨克亮，包立莉. 库存控制与供应链管理实务［M］. 北京：中国经济出版社，2024.

[10] 吴勇，石晓梅. 物流信息系统［M］. 2版. 北京：机械工业出版社，2021.

[11] 杨建华，王为人. 供应链物流管理教程［M］. 2版. 北京：清华大学出版社，2024.

[12] 杨丽伟. 供应链企业协同自主创新研究［D］. 武汉：武汉理工大学，2008.